LEVENT

KURTARMA OPERASYONU:
TROYA HAZİNELERİNİN PEŞİNDE

Mustafa Orakçı

Resimleyen: **Derya Işık Özbay**

Mustafa Orakçı

1979 yılında Çanakkale'nin Çan ilçesinde
dünyaya gelen Orakçı, Trakya Üniversitesi
Sınıf Öğretmenliği Bölümü mezunu.
Üniversiteden mezun olduğu günden bu yana
çoğu vaktini çok kıymet verdiği öğrencileriyle
geçiren Orakçı, öğretmenlik mesleğini çok
seviyor. Temel yazarlık hedefini, öğrencilerinin
keyifle okuyacağı kitaplar yazmak olarak
açıklayan Orakçı, öğretmenlik yapmaya ve
yazmaya devam ediyor.

LEVENT

KURTARMA OPERASYONU: TROYA HAZİNELERİNİN PEŞİNDE

Yayın Yönetmeni: Savaş Özdemir
Editör: Tülay Öncü
Kapak Tasarım: Esra Burak
İç Tasarım: Nur Kayaalp

Yayın No: 5514
ISBN: 978-605-08-4450-4
Raf: 6-10 Yaş Öykü / Hikâye

4. Baskı / Mayıs 2023

Baskı ve Cilt: Mega Basım
Cihangir Mah. Güvercin Cad. No: 3 Baha İş Merkezi
Avcılar / İstanbul
Sertifika No: 44452 / Tel: (0212) 412 17 00

Timaş Basım Ticaret ve Sanayi AŞ
Cağaloğlu, Alemdar Mah. Alay Köşkü Cad. No:5 Fatih/İstanbul
Kültür Bakanlığı Yayıncılık Sertifika No:45587
Tel: (0212) 511 24 24 (pbx)
timascocuk.com • timascocuk@timas.com.tr

iyi ki kitaplarım var...

İÇİNDEKİLER

TATIL ÇOK YAKIN!

Yaz tatili yaklaşmıştı. Karne almak için gün saymaya başlamıştık. Okulun kapanacak olması, bende hem sevinç hem de üzüntü uyandırıyordu. Karne alacağım için mutlu ama arkadaşlarımdan ayrılacağım için hüzünlüydüm. Bütün yaz boyunca Mert'le baş başa kalmaktan korktuğum için tedirgindim desem daha doğru olacak galiba.

Gerçi okul kapansa da bizim tayfa hep yanımda... Bu sayede kocaman yaz tatili daha çekilebilir oluyordu.

Okulların sona yaklaşmasıyla öğretmenimizin planladığı ve gezi kulübünün düzenlediği geziler de azalmaya başladı. Bir süredir hiçbir yere gitmemiştik. Artık gezi olmaz diye düşünürken öğretmenimiz bizi okuldan sonra sınıfta toplantıya çağırdı.

Toplantıya gittiğimizde gezi kulübü yerine sadece tayfa vardı. Yani ben, Mert, Osman, Hayri ve Kâmil...

– Çocuklar merhaba... Bu defa oldukça ilginç bir gezi var aklımda. Kamp yapmaya ne dersiniz?

– Harika deriz, dedi Hayri.

– Arkadaşlar, bu defa sadece sizinle gideceğiz. Bütün gezi kulübü öğrencilerinin velilerine yazdım fakat yalnız sizin aileleriniz dönüş yaptı. Dediğim gibi bu gezi diğerlerinden biraz daha farklı olacak. Gittiğimiz yerde orman kampı yapacağız. Ayrıca gündüzleri etraftaki müzeleri ziyaret edeceğiz. Oldukça eğlenceli birkaç gün olacak.

Hepimiz sevinçle birbirimize sarıldık. Kamp yapma fikri, üstelik Mert'le kamp yapma fikri beni korkutuyordu ama yine de gitmeyi istiyordum.

Gerçi gittiğimiz yerde neler yaşayacağımızı bilsem gider miydim? Emin değilim. Sadece şu kadarını anlatabilirim: Son zamanların en ilginç maceralarından birisini yaşadık. Ayrıca gittiğimiz yerde uzun zamandır görmediğimiz ve bizi pek de sevmeyen birisiyle karşılaştığımızı söylesem belki kim olduğunu tahmin edersiniz.

Cuma gecesi oldukça geç bir saatte kocaman çantalarımızla yola koyulduk. Okul bahçesine vardığımızda küçük minibüs gibi bir araç bizi bekliyordu. Kalabalık olmadığımız için öğretmenimiz böyle bir araç bulmuştu. Eşyalarımızı bagaja koyduk ama almadı. Boş olan koltuklardan birisine daha çantaları yerleştirdik. Orada kalacağımız için yanımıza uyku tulumu, mat, çadır gibi şeyler almıştık ama Kâmil'in yanında getirdiği kocaman iki çanta bagajı doldurmuştu

Ben, Kâmil'in eşyalarını bagaja sığdırmasına yardım ederken ona takılmadan edemedim.

— Kâmilciğim demek ki bu seninle son gezimiz, dedim.

— Neden ki Levent? Öğretmenimiz yine gezi düzenlerse ben de gelirim. Neden bana son gezin dedin? Hiçbir şey anlamadım.

— Yani bu kadar çok eşyayla gelince ben gittiğimiz yere yerleşeceğini ve bundan sonraki hayatını orada geçireceğini sanmıştım.

– Öğretmen kamp yapacağımızı söyledi Levent. Ne yani, oraya sevdiğim birkaç şeyi de götürmeyeyim mi? Yedi sekiz kişilik bir yemek takımı, yedek çatal-bıçak, sonra onun yedeği, sonra onun da yedeği... Ayrıca zor durumlar için de annemin hazırladığı yaprak sarma, kurabiye, poğaça, bal, kaymak, tereyağı, reçel, yeşil ve siyah zeytin gibi daha pek çok şeyi de götürmeyeyim mi?

Sanki geziye gitmiyorduk da göç ediyorduk. Kâmil yine yapacağını yapmıştı.

Sonunda hepimiz yerleştik ve gezimiz başladı. Yola koyulduk. Öğretmenimiz önde şoförle konuşurken ben de müzik dinlemek için kulaklığımı taktım. Bir zaman sonra uyuyakaldım.

DUR YOLCU!

Gözlerimi açtığımda durgun bir deniz karşıladı beni. Bir gemide buldum kendimi... Bu bir araba vapuruydu. Kalkıp güverteye indim. Güneş doğmak üzereydi. Boğazdaki hafif sis yüzünden denizin nerede bittiği, gökyüzünün nerede başladığı belli olmuyordu. Gördüğüm manzara büyüleyiciydi. Böyle bir manzarada uyanmak beni çok mutlu etmişti. Ben denizi seyrederken geminin düdüğü çaldı ve gemi yavaş bir şekilde hareket etti. Güneş doğarken gemi yolculuğumuz başlamış oldu. Etrafa bakıp sabah serinliğini içime çekerken Osman yanıma geldi.

— **Ne kadar güzel bir yerdeyiz,** dedi Osman.

— Evet, dedim.

— **Haydi üst kata çıkalım. Orada belki simit falan buluruz. Hem güneşin doğuşu oradan daha da güzel seyrediliyordur.**

Birlikte yukarıya çıktığımızda Kâmil'i geminin büfesinde gördük. Simit alıyordu. Biz de sıraya girip simit aldık. Kâmil'i de yanımıza alıp dışarıda bir banka

sıralandık ve güneşin doğuşunu seyretmeye başladık. Gökyüzünde birkaç tane martı görünce ayağa kalktım.

Elimde tuttuğum simidin bir parçasını martılara doğru fırlattım. Oldukça yetenekli olan martılar simidi bir defada yakaladılar. Diğer parçasını da attım. Kısa bir zaman sonra geminin üstü çığlık çığlığa bağıran martılarla doldu. Attığım simitlerden kapmak için birbiriyle yarışıyorlardı. Osman da yanıma geldi ve o da simidini atmaya başladı.

Bir taraftan da fotoğraf çekmeye çalışıyordum. Hatta ağır çekimle martıların videosunu çektim. Harika oldu. Bizim bu keyifli hâlimize Kâmil de kayıtsız kalamadı. Bunun üzerine o da yanımıza geldi ve martılara baktı.

— Kâmil sen de versene simidinden bir parça, dedi Osman.

Kâmil simidinden bir parça ısırıp kendini geri çekti.

— Ben simidimi paylaşmam. Ama çay istiyorlarsa ısmarlayabilirim, dedi.

O sırada insanlara epey alışmış olan bir martı geldi ve Kâmil'in bize bakarak konuşmasını fırsat bilerek onun elindeki simidi alıp kaçtı. Kaçarken de çığlık çığlığa bağırarak uzaklaştı. Ben de bu anların fotoğrafını hatta videosunu çektim.

Kâmil ne olduğunu anlayamamıştı, çok korkmuştu.

— Arkadaşlar elinizdeki görüntüyü silmenizi istiyorum.

— Nedenmiş o?

— Ben kimseye, **"Kâmil elindeki yiyeceği bir martıya kaptırdı."** dedirtmem. Anladınız mı? Silin lütfen!

Osman'la gülmemek için kendimizi zor tutuyorduk. Biz birbirimizle didişirken öğretmenimiz yanımıza geldi.

— Çocuklar günaydın, uyanmışsınız. Hatta martıları bile beslemişsiniz.

— Evet öğretmenim, dedim. Böyle bir manzarayı kaçırmak istemedik.

13

Martıların çığlıkları yeri göğü inletiyordu. Hemen yanımızda bir çift, simitlerini martılarla paylaşıyordu.

Kâmil'in serzenişi devam ediyordu:

— Bu martılar bu sabah benden fazla şey yediler. Neden kimse benimle simidini paylaşmıyor ki?

Kâmil'in bu hâline gülerken aklıma gelen soruyu sordum.

— Öğretmenim, biz neredeyiz? Yolculuğumuz nereye?

Öğretmenim elini omzuma koydu. Diğer eliyle ayrılmakta olduğumuz sahilde, tepenin üstünde bir noktayı işaret etti. Orada bir şey yazıyordu. Onu okumaya başladı.

— Çocuklar Çanakkale Boğazı'ndan geçiyoruz.

— Çanakkale'ye mi gidiyoruz?

Sevinçle birbirimize sarıldık. Biz heyecanlı bir şekilde konuşurken tayfanın uykucu elemanları da uyanmış ve bizi güvertede görünce yanımıza gelmişlerdi. Öğretmenimiz Çanakkale'ye gittiğimizi onlara da söyleyince kocaman bir yumak hâlini almıştık.

Gezi kulübü olarak ilk gezilerimizden birini Çanakkale'ye yapmıştık. O zaman Çanakkale Şehitliği'ni ziyaret etmiştik. Çanakkale'de de bazı yerleri gezmiştik.

– Çocuklar, bu defaki Çanakkale gezimiz oldukça farklı olacak. Sizinle kamp yapacağız. Ciğerlerimize bol bol oksijen çekip eşsiz tabiatın keyfini çıkaracağız. Farklı bir gezi olacak.

Geminin düdüğü bir kez daha çaldı. Yaklaşık 25 dakika süren bir gemi yolculuğundan sonra Çanakkale'ye varmak üzereydik. Hızlı bir şekilde minibüsümüze binip kemerlerimizi taktık.

Limana yanaşıp kapaklarını indirince gemiden indik. Limandan çıkarak bir caddeye girdik ve ilerlemeye başladık. Kâmil cama yapışmış bir şekilde etrafa bakıyordu. Bir taraftan da öğretmenimizle yalvarır gibi konuşuyordu.

– Öğretmenim sizden çok ama çok rica ediyorum. İleride bir yerde dursanız... Bir yerden peynir helvası alsak ne dersiniz? Sadece beni de gönderebilirsiniz. Bir parçacık peynir helvacığı alsam... Ne olur! Üstü kıpkırmızı, tadı harika, mis gibi bir peynir helvası, fırınlanmış, lezzetli... Üstü çıtır çıtır... Ohh mis!

Kâmil nasıl anlattıysa herkesin ağzı sulanmıştı. Öğretmenimiz Kâmil'i susturmasa minibüsteki herkes kaçacak ve peynir helvası arayacaktı. Kâmil herkesin canının peynir helvası çekmesine sebep olmuştu.

Fakat öğretmenimizin konuşması kesindi:

— Kâmilciğim, sen sabah erkenden belki tatlı yiyebilirsin ama ben ve arkadaşların rahatsız olabiliriz. Aç karnına bize ağır gelebilir. Sana peynir helvası bulacağız, merak etme.

Minibüsümüz Çanakkale'nin içinden geçti ve hiçbir yerde durmadı. Bir zaman yol aldıktan sonra şehir gerilerde kalmaya başlayınca Osman hemen sordu:

— Öğretmenim, biz Çanakkale'yi gezmeyecek miydik?

— Çocuklar kamp yapacağız. Zamanımız olursa Çanakkale'ye geleceğiz. Biraz daha yolumuz var. O yüzden dinlenmenize bakın çünkü yorulacaksınız.

Öğretmenimizin ne kadar doğru söylediğini çok geçmeden anlayacaktık.

KÖTÜ HABER

Öğretmenimizin dediğini yapmaya çalıştım ama gözüme uyku girmedi. Gördüklerimi hafızama kazımak için etrafıma bakmayı sürdürdüm. Sağ tarafımızda eşsiz güzellikteki Çanakkale Boğazı vardı. Gördüğüm her şeyin fotoğrafını çekiyordum.

Minibüsümüz düz bir yolda ilerlerken öğretmenimiz bize doğru dönüp konuşmaya başladı:

– Arkadaşlar, kamptan sonra sizinle bulunduğumuz yere çok yakın olan Troya Antik Kenti'ni ve Troya Müzesi'ni ziyaret edeceğiz. Size bilgi vermek istedim. Şimdi dinlenmeye devam edebilirsiniz.

Mert uyuyordu. Ben de önümde oturan ve yan tarafı boş olan Osman'ın yanına geçtim.

– Levent çok heyecanlıyım, dedi Osman. Ne zamandır Troya Müzesi'ni görmek istiyordum. Bu çok iyi oldu.

Daha sonra Osman telefonundan bir şeylere bakmaya çalışırken ben de etrafımı izlemeyi sürdürdüm. Bir süre sonra Osman'ın dokunuşuyla irkildim.

– **Osman ne oldu,** diye sordum.

Ona baktığımda Osman'ın yüzü bembeyaz olmuştu. Ekrana bakarken âdeta donup kalmıştı.

– Osman ne oldu? Yüzün bembeyaz olmuş.

– **Kötü haber,** dedi Osman. En iyisi al kendin oku.

Osman'ın gösterdiği bir gazete haberiydi. Hemen okumaya başladım.

HAPİSHANEDEN KAÇIŞ

Bir süre önce dünya harikalarını tehlikeye atan ve polisleri kıtadan kıtaya peşinden koşturan Cesur Taş, tutuklu bulunduğu cezaevinden firar etti. Bütün dünyayı ayağa kaldıran ve Hindistan'da Tac Mahal'e saldırmadan önce Türk polisinin düzenlediği operasyonla yakalanan Cesur Taş, olayın ardından ülkemize getirilmiş ve cezaevine konulmuştu. Uzun süredir hapiste olan Cesur Taş'ın kaçtığı bildirildi. Kaçağı yakalamak için çaba gösteren güvenlik güçlerinin arama çalışmaları sürüyor.

Haberi okuyunca donup kaldım. Aynı Osman gibi olmuştum. Ayağa kalkıp telefonu en önde oturan öğretmenimize götürdüm.

– Öğretmenim şu haberi okusanız iyi olur, dedim.

Daha fazla bir şey söylemeden telefonu öğretmenimize uzattım. Öğretmenimiz bir şey sormadan okumaya başladı. Telefonu kapatıp bana uzattı. Sonra da kulağıma eğildi.

– Bundan arkadaşlarına söz etmesen iyi olur Leventçiğim. Korkmalarını istemem. Kampımız zehir olmasın. Belki çok geçmeden yakalanır, hatta yakalanmıştır bile... Panik yapmaya gerek yok.

– Tamam öğretmenim. Bunu sadece Osman ve ben biliyoruz, diye fısıldadım.

Öğretmenimiz gülümsedi. Kafasını evet anlamında salladı.

Osman'la bir süre konuşmadık ve oturmaya devam ettik. İkimiz de haberi düşünüyorduk.

Minibüsümüz yol alırken gözlerimi kapatıp bir süre uyudum.

***

Gözlerimi açtığımda çok da geniş olmayan bir yoldan ilerliyorduk. Etrafımız meyve bahçeleriyle, meyve bahçelerinin arkası ise ormanlarla çevriliydi. Hemen kendime geldim ve Osman'ı uyandırdım. O da uyuyakalmıştı. Minibüsün sürgülü penceresini açtım. İçeri giren temiz havayı içime çektim. Tayfanın diğer elemanları da kendine geldi. Pencereler aralandı. Minibüsün içi temiz havayla doldu.

Hayri, derin derin nefes aldı.

– Ne kadar güzel... Temiz havadan neredeyse zehirleneceğiz. Gelirken etrafımızı seyrettim. Tarlalar çalışan insanlarla doluydu. Her yerde traktörler vardı. Dallarda kırmızı kırmızı elmalar ve kirazlar görünüyordu.

Öğretmenimiz herkesin uyandığını görünce konuşmaya başladı:

– Arkadaşlar herkese günaydın, umarım biraz olsun dinlenmişsinizdir. Çanakkale'nin bir ilçesi olan Bayramiç'in Evciler köyüne girmek üzereyiz. Buradan biraz daha ilerleyerek Ayazma Pınarı denilen bir yere varacağız. Orada kamp yapacağız.

Yeşilin her tonu vardı etrafta... Bakmaya doyamıyordum. Derken minibüs öğretmenimizin isteği üzerine Evciler köyünün girişinde durdu. Yol kenarında bir sürü kasa vardı. Âdeta küçük bir tepe oluşmuştu. Minibüsten indik, gerinip kendime gelmeye çalıştım.

Öğretmenimiz yakınımızdaki bir meyve bahçesine doğru yürüdü. Daha sonra da bahçeye girdi. Yolun kenarındaki minik traktör bahçede birilerinin olduğunu gösteriyordu.

Biz de öğretmenimizi takip ettik. Elma ağaçlarının altında sulama yapan bir amca bizi görünce ayağa kalktı.

Ellili yaşlarında olan bıyıklı ve orta boylu amca, öğretmenimizin yanına kadar gelip elini sıktı. Bize dönüp gülümsedi.

– Çocuklar hoş geldiniz, dedi.

Cebinden çıkardığı mendiliyle alnını sildi.

– Sizler öğrenci misiniz?

– Evet amca, dedim. Buraya kamp yapmaya geldik.

– Hoş geldiniz o zaman... Burası Evciler çocuklar, dedi.

Bayramiç'in bir köyü... Biz burada meyve yetiştiriyo-
ruz. Ülkemizin elma ihtiyacının yüzde beşi buradan
sağlanır. Sadece elma değil, daha pek çok şey yetişir
burada... Burada yeşilin her tonunu, meyvenin her çe-
şidini bulursunuz.

Kâmil hemen atıldı:

– Her taraf ağaç amca, buraya ne ekersen büyür. Beni ekin, ben bile büyürüm burada...

Kâmil'in sözlerine herkes gülerken Hayri insanları
daha da güldürdü:

– Kâmil ağacı, çok su ihtiyacı olan, çok fazla gübre
isteyen ve meyvesi olmayan bir ağaç türü...

Hepimiz gülerken öğretmenimiz konuyu değiştirdi.
Elini amcanın omzuna koydu:

– Efendim biz sizden elma satın almak istiyoruz,
dedi. Bize satabilecek elmanız var mı?

Sevecen adam gülümsedi:

– Yok öğretmenim, dedi. Satacak elmam yok.

Ortam birden soğudu. Sanırım öğretmenimiz de böy-
le bir cevap beklemiyordu. Kısa bir sessizlikten sonra
adam konuşmaya devam etti:

– Ben bir öğretmenim, İsmail Öğretmen... Emekli ilkokul öğretmeniyim. Öğrencilerime elma satamam. Burada bekleyin beni, diyerek yanımızdan ayrıldı.

Bir süre sonra elinde kocaman bir elma kasasıyla geldi.

– Bunlar sizin... Lütfen kabul edin.

– Hocam, dedi öğretmenimiz. Bunu kabul edemeyiz.

– Kabul edersiniz. Etmelisiniz... Konuşmalarınızı duyunca eski günlere gittim. Ben size teşekkür ederim.

Hepimiz İsmail Öğretmen'in elma kasasına bakakaldık. İçinde renk renk, kocaman elmalar vardı.

Sırayla İsmail Öğretmen'in elini öptük. Ona teşekkür ettik. Öğretmenimiz de İsmail Öğretmen'in elini öptü. Öğretmenimizin gözleri dolmuştu.

İsmail Öğretmen:

— Çocuklar, artık bahçemin yerini biliyorsunuz, dedi. Elma kasanız boşalınca dönüşte buradan kasanızı doldurun ve eve götürün. Haydi, yolunuz açık olsun.

İsmail Öğretmen'i sanki çok eskiden beri tanıyorduk. Ondan ayrılmak çok zor geldi.

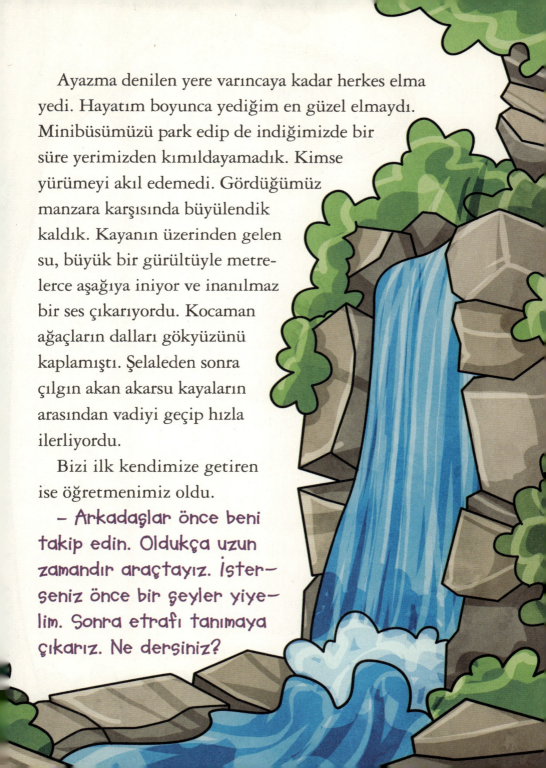

Ayazma denilen yere varıncaya kadar herkes elma yedi. Hayatım boyunca yediğim en güzel elmaydı. Minibüsümüzü park edip de indiğimizde bir süre yerimizden kımıldayamadık. Kimse yürümeyi akıl edemedi. Gördüğümüz manzara karşısında büyülendik kaldık. Kayanın üzerinden gelen su, büyük bir gürültüyle metrelerce aşağıya iniyor ve inanılmaz bir ses çıkarıyordu. Kocaman ağaçların dalları gökyüzünü kaplamıştı. Şelaleden sonra çılgın akan akarsu kayaların arasından vadiyi geçip hızla ilerliyordu.

Bizi ilk kendimize getiren ise öğretmenimiz oldu.

— Arkadaşlar önce beni takip edin. Oldukça uzun zamandır araçtayız. İsterseniz önce bir şeyler yiyelim. Sonra etrafı tanımaya çıkarız. Ne dersiniz?

GİZEMLİ ALTIN ELMA

Öğretmenimizin bu fikrine en çok Kâmil sevindi. Hepimiz minibüsten bir şeyler alıp öğretmenimizi takip ettik. Burası çok güzel ve serindi. Sıcaktan, nemden kurtulmuştuk. Altımızda akan çay, üstümüzde çınar ağaçları... Merdivenleri ve köprüleri kullanarak aşağıya kadar indik. Kendimize derenin kenarında bir yer bulduk. Öğretmenimiz oradan aldığı karpuzu derenin içine koydu. Bunu neden yaptığını anlayamadım. Herhâlde yıkamak için diye düşündüm.

Biz Hayri'yle birkaç defa daha minibüse eksikleri almaya gittik. Diğerleri de masayı hazırlamaya koyuldular. Masa kısa sürede herkesin yardımıyla hazırlandı. Oldukça keyifli bir yemek yedik. Daha sonra da karpuzu sudan çıkarıp kestik. Karpuz buz gibi olmuştu. Hemen yanımızdan akıp giden su inanılmaz soğuktu. Burada her şey harikaydı. Yemekten sonra herkes kendisine gelmiş ve hareketlenmişti. Masayı topladıktan sonra öğretmenimizin işaretiyle kalkıp yürüyüşe geçtik.

Şelalenin gürültüsünden uzaklaşırken başka sesler de duymaya başladık. Ormanın içine ilerledikçe kuş sesleri artmaya başlamıştı.

Kâmil yanıma gelip bana dert yanmaya başladı:

— Bizim öğretmeni hiç anlamıyorum Levent.

— Neden Kâmil?

— O kadar güzel yemek yedik, şimdi de yürütüyor. Ben hiçbir şey anlamadım. Ne demiş atalarımız: Yemek yedikten sonra ya kırk adım at ya da sırtüstü yat. İllaki kırk adım atmak zorunda mıyız? Sırtüstü yatsak, şöyle keyfimize baksak olmaz mıydı?

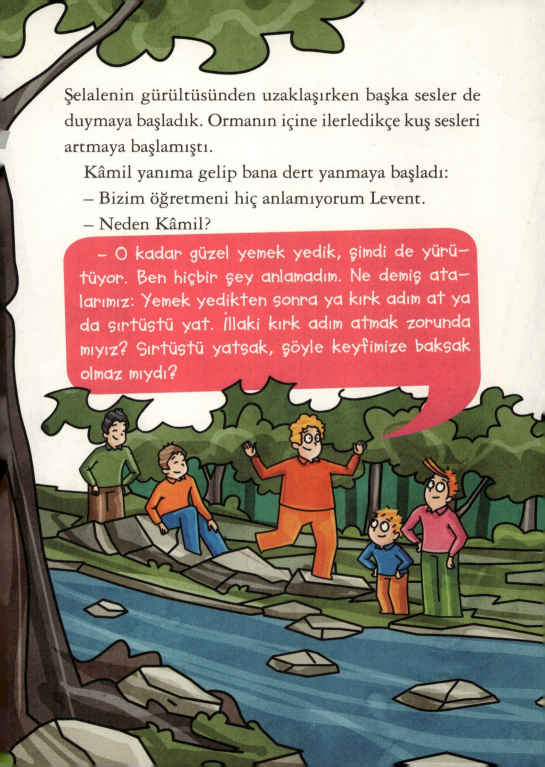

Ağaçların altında bir süre yürüdük. Yürürken yol kenarında tabelalar vardı. Tabelada **Altın Elma Parkuru** yazıyordu.

Osman sordu:

— Öğretmenim altın elma nedir? Burada yazıyor da...

Bizim öğretmen bilmece gibi konuştu:

— Akşam size anlatırım. Sadece kamp için burayı rastgele seçmediğimi bilmenizi istiyorum. Şimdilik bu kadar...

Mert yanıma geldi:

— **Ağabey benden kaçmaz,** diye fısıldadı. **Sizin öğretmenin gizlediği bir şeyler var. Eminim bundan...**

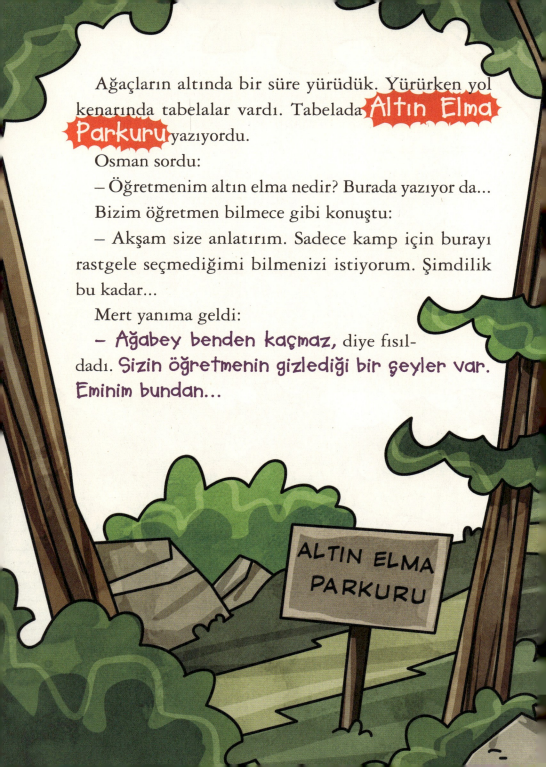

ALTIN ELMA
PARKURU

— Mert, dedim. Senin de gözünden hiçbir şey kaçmıyor. Hemen anladın...

Ormanın içine doğru yürüyüşümüz devam etti. Yürüyüş yormuyor, sanki dinlendiriyordu. Güneş etkisini kaybetmeye başladığında dönüş yoluna geçtik ve vadinin izin verilen bir noktasına çadırlarımızı kurduk.

Kâmil, çadır kurulduktan sonra ortalıktan kaybol-du. Bir zaman sonra gayet mutlu bir şekilde yanımıza döndü:

– Arkadaşlar burası bir harika! Biraz ileride neler buldum neler... Burada alabalık tesisi bile var. Gidip iki tane alabalık yedim ve geldim. Artık tokum. Üstelik çok mutluyum.

Kâmil yine bizi şaşırtma-mıştı.

Akşam olunca hava iyi-ce soğumaya başlamıştı. Yaz mevsiminde olduğumuz için yanımızda bir şey getirme-miştim. Buna gerek olma-dığını düşünmüştüm ancak yanıldığımı yaşayarak öğrendim. Hava sıcaklığı henüz gece olmamasına rağmen 10 dereceye kadar düşmüştü. Neyse ki öğretmenimiz kamp alanına hazırlıklı gel-mişti. Arabadan battaniyeleri getirdi. Herkes sırtına birer tane aldı ve birlikte ateşin etrafında sıralandık. Öğretmenimiz bizi düşünmüş ve soğuktan korunma-mızı sağlamıştı.

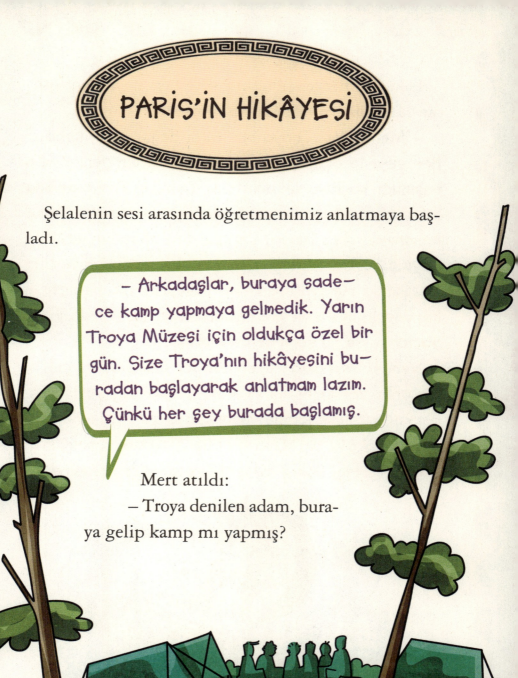

PARİS'İN HİKÂYESİ

Şelalenin sesi arasında öğretmenimiz anlatmaya başladı.

— Arkadaşlar, buraya sadece kamp yapmaya gelmedik. Yarın Troya Müzesi için oldukça özel bir gün. Size Troya'nın hikâyesini buradan başlayarak anlatmam lazım. Çünkü her şey burada başlamış.

Mert atıldı:

— Troya denilen adam, buraya gelip kamp mı yapmış?

Herkes gülerken öğretmenimiz hemen yanında oturan Mert'in yüzüne bakıp gülümsedi:

– Mertçiğim, Troya bir adam değil, o bir şehir... Her şeyiyle oldukça ilginç ve gizemli bir şehir... En başından başlayarak anlatalım. Eskiden Troya adında bir şehir varmış. Bu şehir oldukça zenginmiş. Deniz kenarında olan Troya, Çanakkale Boğazı'nın girişindeymiş. Eskiden denizciler seyahat ederken fırtına çıktığında buraya sığınır ve rüzgârın yön değiştirip kendilerini götürmesini beklerlermiş. Bu sırada ihtiyaçlarını da bu şehirden alırlarmış.

Verimli topraklar üzerinde kurulu olan bu şehir, zamanla zenginleşmiş. Varlık içinde yaşıyorlarmış. Herkes mutluluk içinde yaşarken kralın karısı Hekabe bir gece kötü bir rüya görmüş. Doğacak çocuğunun Troya şehrini yakıp kül ettiğini görmüş rüyasında...

Aradan zaman geçmiş ve günlerden bir gün Troya Kralı Priamos'un bir çocuğu olmuş. Çocuğa Paris adını vermişler. Kralın başka çocukları da varmış, tek çocuğu Paris değilmiş. Rüyanın etkisinden kurtulamayan Hekabe, Troya şehrini ve insanları kurtarmak için bebek Paris'i feda etmeyi düşünmüş. Hizmetçilerine emretmiş. Onu Kaz Dağı'na yani bizim de şimdi olduğumuz yere, bu dağ başına bıraktırmış. Bu dağın eski adı İda... Biz Kaz Dağı diyoruz...

Nerede kalmıştık... Hizmetçi Paris'i Kaz Dağı'na bırakıp gitmiş. Efsaneye göre Paris'i önce bir ayı bulmuş, onu emzirmiş. Daha sonra bu dağda yaşayan çobanlar bulmuş onu. Paris bu dağda çobanlık yaparak büyümüş. Troya'daki herkes Paris'in öldüğünü düşünmüş. Ondan çok uzun zaman haber alınamamış. Paris büyüyüp de genç oluncaya kadar çobanlarla yaşamaya devam etmiş. Bir çoban olarak sürdürmüş hayatını...

Bir gün Kaz Dağı'nda, tam da burada bir güzellik yarışması düzenlenmiş. Paris'e bir altın elma verilmiş. Altın elmada "En güzele..." yazılıymış. Paris, elmayı hiç beklenmedik birine vermiş. Bundan sonra da Troya'yı felakete sürükleyen olaylar başlamış. İşte size sözünü ettiğim olaylar burada yaşanmış. Her şey burada başlamış.

Günlerden bir gün Paris, Troya'ya gitmiş. Kendisi adına düzenlenen şenliklere katılmış. Bu şenliklerde kralın oğlu olan ağabeyiyle güreşmiş ve onu yenmiş. Ama kimse Paris'i tanıyamamış. Güreşte yenilen ağabeyi, bir köleye yenilmeyi içine sindirememiş ve kölenin yakalanmasını emretmiş. Adamlarının yakaladığı Paris'in öldürülmesini istemiş. Bu olaylar olurken orada bulunan başka bir çoban ise Paris'i tanımış. O kişinin Paris olduğunu herkese söylemiş. Böylece Paris saraya geri dönmüş. Ona sarayda kendisine uygun görevler verilmiş.

Bir süre sonra Paris, Aka ülkesine elçi olarak gönderilmiş. Paris burada sevdiği Helen'i alarak Troya'ya gelmiş. Akalar da Troya'ya savaş açmışlar... Bütün felaketler de böyle başlamış. Yani Troya Savaşı, Paris yüzünden başlamış.

Dayanamayıp sordum:

– Sonra ne olmuş?

– Arkası yarın çocuklar, oldukça geç oldu. Yarın devam ederiz. Şimdi herkes uyusun, güzelce dinlensin.

Bir süre daha oturdum, ormanın ve içindeki canlıların çıkardığı sesleri dinledim. Ayrıca gökyüzüne de baktım. Hiç bu kadar çok yıldızı bir arada görmemiştim. Uzun uzun seyrettim. Herkes çadırlarına girdiğinde ben hâlâ ateşin başında oturuyordum.

Bir zaman sonra Kâmil çadırdan çıkıp yanıma geldi.

– Levent sana çok önemli bir şey sormak istiyorum. Hani Paris'i bu ormana bırakmışlar da ona bir ayı bakmış ya...

– Evet.

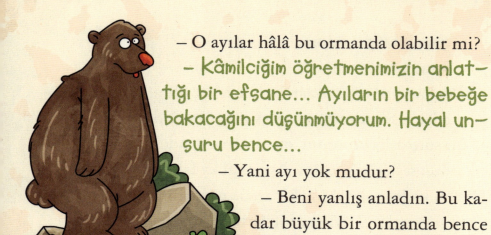

– O ayılar hâlâ bu ormanda olabilir mi?

– Kâmilciğim öğretmenimizin anlattığı bir efsane... Ayıların bir bebeğe bakacağını düşünmüyorum. Hayal unsuru bence...

– Yani ayı yok mudur?

– Beni yanlış anladın. Bu kadar büyük bir ormanda bence ayı vardır ama bebek falan bakmazlar. Karşına çıkarsa ne yapacağını bilemem.

Kâmil bir süre düşündü:

– O zaman ben gidip çadıra sakladığım alabalıkları getireyim de ateş hâlâ sıcakken onları ısıtıp yiyeyim. Çadırda bu alabalıklar durursa ayı kokuya gelip alabalıklarla birlikte beni de yeşillik niyetine yiyebilir.

Kâmil elinde pişmiş ama soğuk olan alabalıklarla geldi.

– Kâmil sana inanamıyorum. Zaten gidip orada yemiştin. Bunları neden aldın?

– Yemek için Levent. Ben ısıtayım, beraber yiyelim. Bir an önce bitirelim de ayıya kokmasın. Buraya gelirse...

Ben sadece tadına baktım ama Kâmil iki alabalığı da afiyetle yedi.

– Eee, ne demiş atalarımız... Aklında duracağına karnında dursun demiş.

– Kâmil senin ataların da hep yemekle ilgili sözler söylemiş. Haydi, yat uyu artık.

Kâmil yüzünde mutlu bir gülümsemeyle çadırına girdi ve kısa bir süre sonra horlamaya başladı. Ben de çadırıma geçip uyudum.

NELER OLUYOR?

Sabah güneş doğarken uyandık. Daha doğrusu öğretmenimiz tarafından kaldırıldık. Aslında gece geç yatmış, sabah erken kalkmıştık ama dinlenmiştim. Temiz hava insanı dinlendiriyordu. Öğretmenimizle birlikte yürüyüşe çıktık. Dün gezdiğimizden farklı bir rotada yürüyüşümüzü sürdürdük. Çok güzel bir şelale ve yanında da bir mağara gördük. Çoban Paris Mağarası'ydı adı. Akşam öğretmenimizin anlattığı efsane aklıma geldi.

Aralarda dinlenerek döndük ve döndüğümüz zaman pek çok polisin Ayazma'da olduğunu fark ettik. Öğretmenimiz önde, biz arkada polislerin yanına gittik.

– Memur bey burada ne oldu, diye sordu öğretmenimiz.

O sırada elindeki şeritle ağaçların arasından insanları engellemek için bir bant çekmeye çalışan polis bizi durdurdu.

– Şu anda bir açıklama yapamam. Lütfen bekleyin burada... Daha fazla ilerlemeyin.

Biz bulunduğumuz yerden ne olduğunu anlamaya çalışırken, polislerin arasından biri çıkıp bize gülümsedi.

– Hey arkadaşlar, merhaba!

Bu ses tanıdıktı. Birlikte neredeyse bütün dünyayı dolaştığımız, dünyanın harikalarını kurtarmaya çalıştığımız Mine Abla'ydı. Yanımıza gelip bize sarıldı. Öğretmenimizle de tokalaştılar.

– Sizi gördüğüm çok iyi oldu arkadaşlar, dedi. Burada olduğunuzu biliyordum. Sizi aramaya fırsatım olmadı. Fotoğraflarınızı okulunuzun sosyal medya hesabından gördüm.

– Evet, dedi öğretmenimiz. Hem kamp yapmaya hem de büyük günü görmek için geldik. Troya Müzesi'ne...

– Anlıyorum, dedi Mine Abla.

Öğretmenimiz herkesin aklında olan soruyu sordu:

– Siz burada ne arıyorsunuz?

– Belki biliyorsunuzdur, haberi okumuşsunuz-
dur. Cesur Taş hapishaneden firar etti. Üstelik en
son burada görüldü. Buraya niçin geldiğini ve buraya
bıraktığı şeyin ne anlama geldiğini çözmeye çalışıyoruz.
Üstelik sizin de burada olduğunuzu biliyormuş. Kamera
görüntülerinden sizin kaldığınız çadırların yanına kadar
geldiğini, sizi izlediğini gördüm.

Kâmil yanımdaydı. Kulağıma eğildi:

– İyi ki akşam balıkları yemişiz. Ayı değil ama
Cesur kokumuzdan bizi bulabilirdi.

– Saçmalama Kâmil.

Mine Abla önümüzde duran polis şeridini eliyle kal-
dırıp bizi çağırdı:

– Belki bize bulduğumuz şeyle ilgili yardım ede-
bilirsiniz. Cesur'u daha önce birlikte yakalamıştık.

Mine Abla'nın sözleri üzerine heyecanlanmıştık. Es-
kiden yaşadığımız macera dolu günler geri gelmişti.
Birlikte polislerin olduğu noktaya ilerledik. Mine Abla
bize bir piknik masasının üstünü gösterdi. Masanın
üzerinde parlayan bir altın elma duruyordu.

Osman, biraz daha yaklaştı.
Daha dikkatli inceliyordu.

– Bu altın elma... Paris'in elması, dedi.

– Kimin, diye sordu Mine Abla.

– Troya Savaşı'nı başlatan Paris'in elması. Akşam öğretmenimiz anlatmıştı. Troya Savaşı'nın başlamasına sebep olan Paris'in yarışmada verdiği elma, diye tekrarladı.

Mine Abla, öğretmenimize baktı:

– Efsaneye göre Troya Savaşı'nı başlatan Paris bebekken buraya bırakılmış. Yani her şey burada başlamış. Ama Cesur'un bu işle ne ilgisi var? Niye burada?

– Cesur'un bir eylem yapmasından şüpheleniyoruz. Buraya da boş yere gelmedi. Acaba neyin peşinde?

Kısa bir sessizlikten sonra Osman, Mine Abla'ya sordu:

– Elmanın altına bakabilir miyim?

– İnceledik ama bir parmak izine rastlamadık. Olduğu yerde incelemiştik.

Mine Abla elindeki eldivenle elmayı alıp havaya kaldırdı. O sırada piknik masanın al-

tından yere taşa benzer bir şeyle bir kâğıt düştü. Polislerden biri, piknik masasının altına girip düşen şeyleri topladı. Sonra da masanın üstüne koydu bulduklarını.

— Bu bir mıknatıs,

dedi polis. Metal elma masanın altında bu mıknatısı tutuyormuş. Elmayı kaldırınca mıknatıs da kâğıt da yere düşmüş.

Mine Abla kâğıdı alıp okudu. Birden yüzü değişti.
— Bu mesaj bize, dedi.
Sonra da öğretmenimize uzattı kâğıdı.

MACERA BAŞLIYOR. BU DEFA BAKALIM KİM KAZANACAK? BENİ YENMİŞ VE HAPSE GÖNDERMİŞTİNİZ. AMA BU DEFA SİZİ YENECEĞİM. İNTİKAMIMI ALACAĞIM.
CESUR

Öğretmenimiz:

– Cesur altın elmayı buraya boşuna koymadı, dedi. Bence Troya ile ilgili planları var. Bugün Troya için özel bir gün. Zaten biz de bu anı kaçırmamak için gelmiştik. Müzeyi ve antik kenti ziyaret edecektik... Cesur da orada olacaktır. Müzede yapılan hazırlıkları da düşünürsek Troya'da bir şeyler planladığı belli. Altın elma da aslında bir ipucu... Bizi bir sonraki noktaya götürmesi için sanırım.

Mert:

– Bu adam hiç de adı gibi cesur değil. Kâğıt bırakıp kaçmış. Kendi gelip söyleseydi ya...

Mert'in çıkışı herkesi güldürdü. Gergin ortam bir anda dağıldı. Mine Abla elini omzuma koydu:

– Sizi ayrıca korumam gerekiyor arkadaşlar. Bir süre benim korumamda olacaksınız. Kampınızı böldüğüm için üzgünüm. Ayrıca bu gizemi çözmede bana yardım edeceksiniz.

Tıpkı eski günlerdeki gibi olmuştu. Macera kaldığı yerden devam ediyordu. Ama benim anlamadığım bugünün özelliği neydi? Bugün niye önemliydi? Cesur neden bugünü seçmişti? Troya'da neler olacaktı? Kafamda bir sürü soru vardı.

ANTİK KENT YOLUNDA

Çadırlarımızı toplayıp minibüse geçtik. Bir gün kalmış olsak da bu harika yeri hayatım boyunca unutmayacaktım. Geldiğimiz yollardan dönerek, Çanakkale'ye daha doğrusu Troya Antik Kenti'ne ve müzesine doğru yol alıyorduk. Mine Abla da bizimle gelmişti. O da minibüsteydi. Öğretmenle bir şeyler konuşuyorlardı. Manzarayı izlerken Cesur'u düşünüyordum. Bakalım, bugün başımıza ne işler açacaktı...

Önümde oturan Osman, öğretmenimize seslendi:

– Öğretmenim, dedi. Dün anlatmaya başladığınız hikâyeyi anlatsanız. Tam savaşın başladığı yerde kalmıştık. Belki işimize yarayacak bir şeyler öğreniriz.

– İyi fikir Osman, dedi öğretmenimiz.

Ardından anlatmaya başladı.

– Akalılar, Troya ülkesine savaş açmış ve Troya'nın önüne 1200 gemiyle gelmişler. Aka ülkesinin komutanı Kral Agamemnon, Troya ülkesinin kralı ise Priamos'muş.

Akalılar Troya'yı kuşatmış. Troya şehri büyük surlarla çevrili olduğu için ele geçirilmesi zormuş. Bu savaş oldukça uzun sürmüş. Akalıların en güçlü savaşçısı Aşil, Troya'nın en güçlüsü ise kralın oğlu, Paris'in de kardeşi olan Hektor'muş.

İki ordunun en güçlüleri olan Hektor ile Aşil savaşmışlar. Sadece ikisinin karşılaştığı bu dövüşte Hektor ölmüş. Daha sonra Paris, Aşil'i topuğundan mızrakla vurarak yaralamış ve Aşil de hayatını kaybetmiş.

Savaş on yıl sürmüş. Akalılar Troya'yı bir türlü alamamış ama Troyalılar da bir türlü Akalıları yenememiş. Bu böyle devam edip gitmiş. Savaşın başlamasına sebep olan Paris'e zehirli bir ok isabet etmiş ve o da bu yara yüzünden ölmüş. Savaşta iki taraf da pek çok kayıp vermiş ama kimse galip gelememiş.

Savaş devam ederken Odisseus adında bir adamın aklına ilginç bir fikir gelmiş. Bu fikirle savaşı bitirmeyi planlıyormuş. Onun isteği üzerine büyük bir at yapılmış.

İçimde tutamayıp söyledim:

— Troya Atı...

— Aferin Levent, dedi öğretmenimiz. Troya Atı yapılmış. Ağaçtan kocaman bir atmış Troya Atı. Akalılar en yetenekli savaşçılarını da atın içine gizlemişler. Tehlikeli bir planları varmış.

Akalı bir grup asker gelerek atı Troya'nın surlarının önüne çekmiş. Akalılar, savaşı kaybettiklerini ve on yıl çabaladıktan sonra Troya'yı alamadıklarını kabul etmiş. Bu atı da bir hediye olarak kabul etmelerini istemişler. Savaş bitti demişler.

Troyalılar buna hemen inanmamış. Fakat Akalılar atı bıraktıktan sonra gemilerine binip oradan ayrılmışlar. Bozcaada'nın arka tarafına dolanıp gözden kaybolmuşlar.

Troyalılar rakiplerinin çekildiğini görünce sevinmişler. Savaşın gerçekten bittiğini sanmışlar. Tabii hediye edilen atın hâlâ bir hile olduğunu düşünüyor-larmış. Bu yüzden de atı şehirlerine almadan kontrol etmişler. Bunun için pek çok yol denemişler. Atın boşluklarından içeri sivri cisimler sokmuşlar. Akalıların dilinde konuşup içeride birisi varsa onu kandırmaya çalışmışlar ama ne yaptılarsa da atın içindeki askeri fark edememişler. Atın bir hile olmadığını ve savaşı gerçekten kazandıklarını düşünüp atı içeri almışlar.

Troya halkı şehirlerinin kurtulduğunu ve zafer ka-zandıklarını düşününce kutlamalar başlamış. Herkes zaferi kutlarken gemilerle uzaklaşan Akalılar geri gelmişler. Surların önünde, büyük bir sessizlik için-de, içerideki askerlerin kapıyı açmalarını beklemeye başlamışlar.

İlerleyen saatlerde herkes eğlenirken, atın içinden çıkan askerler gizlice şehrin kapılarını açmışlar. Dı-şarıda bekleyen Aka ordusu şehre girmiş. Troyalılar at hilesini yutunca savaşı da kaybetmişler.

Savaşın nasıl gerçekleştiğini öğrenmiştik. Efsaneyi dinlerken hâlâ Cesur'u düşünüyordum.

Acaba 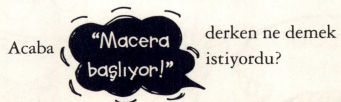 derken ne demek istiyordu?

"Macera başlıyor!"

ZAMANDA YOLCULUK

Öğretmenimiz savaşı anlatırken yolculuğun nasıl geçtiğini anlamamıştık. Bir filmi izler gibi olmuştuk. Minibüsümüz Troya Müzesi'nin kahverengi binasının önünden geçti. Mine Abla minibüse durmasını söyledi.

— Arkadaşlar ben burada inip müze yetkilileriyle konuşayım. Onları bazı konularda bilgilendireyim. Ben sizi bulurum ya da işim uzarsa burada buluşuruz. İyi gezmeler...

Mine Abla'nın söylediğine göre galiba önce antik kenti görecektik. Burada neler olduğunu bilerek dolaşmak insanı daha çok etkiliyordu.

Minibüsümüz park yerine geldiğinde inip öğretmenimizle birlikte yürümeye başladık. Karşımıza Troya Atı çıkınca hepimiz çok şaşırdık.

Mert görünce çıkardığı seslerle herkesi güldürmeyi başardı:

— Ooooooo, ata bak!

– Ağabey bu ata kesinlikle dokunmayalım. Hatta yanındayken nefes bile almayalım.

– Neden Mert?

– Baksana ağabey, çok çok çok eskiden kalmış. Üstelik ağaçtan bu... Dokunursak toz hâline gelebilir. O yüzden dikkatli olmamız lazım.

– Mertçiğim bu bir maket. Savaşın olduğu zamandan kalmamış. Burayı ziyaret eden insanların görmesi için tekrar yapılmış. Bak, üzerinde de bu atın yapım tarihi yazıyor. 1974 yılında yapılmış.

– Olsun ağabey, bu maket bile önemli. Hem maketi bile yaşlanmış. 1974 yılında doğduğuna göre bu seneden çıkarırsak... Amaaan neyse! Ben nasıl yapılacağını söyledim. Sen kafana göre topla çıkar, bana sonucu söyle ağabey. Nasıl olacağını ben söyledim işte...

– Çıkarma işlemini yapamadın, değil mi?

– Yok, aslında biliyorum ben. Sadece sen yapabiliyor musun diye seni denemek istedim. Hem bizim öğretmen de böyle yapıyor. Kendisi yapmıyor, bize sorup duruyor.

Öğretmenimiz biletleri alırken biz de Kâmil'in kafeteryaya gitmesine engel olmaya çalışıyorduk. Mine Abla bize birbirimizden ayrılmamamızı söylemişti. Zorlansak da Kâmil'i bırakmadık.

— Siz nasıl arkadaşsınız? Açlıktan ölmek üzere olan bir arkadaşınıza neden yardım etmiyorsunuz?

— Saçmalama Kâmil, daha biraz önce yedin.

— Ama savaş sahneleri beni acıktırıyor.

— Sanki sen savaştın, dedi Hayri. Dinlerken nasıl acıktın?

— Ben heyecanlanınca acıkıyorum. Üzülünce de, hatta sevinince de... Galiba ben hep açım.

Neyse ki öğretmenimiz geldi de tayfayı daha fazla bir arada tutmak zorunda kalmadık.

— Haydi çocuklar, **Troya Antik Kenti**'ni gezmeye başlıyoruz. Alın biletlerinizi... Troya Atı'nı dönerken gezeriz. O zaman fotoğraf çekersiniz.

İçeri girince bizi bir rehber karşıladı. Gülümseyerek kendini tanıttı:

— Merhaba, benim adım Kerim. Bugün antik kenti birlikte gezeceğiz.

Kerim Ağabeyin peşinden yürümeye başladık. Kerim Ağabey girişin sol tarafında, tek katlı küçük bir binanın önünde durdu.

> — Çocuklar, önce size Troya ve katmanlarından söz etmek istiyorum. Troya tam dokuz defa kurulmuş bir şehir. Değişik sebeplerle yıkılınca tekrar üzerine kurulmuş. O yıkılınca tekrar kurulmuş. Bu şekilde binlerce yıl içinde Troya dokuz defa kurulmuş.

Rehberin anlattığı şeyi kafamda canlandırmaya çalışırken Mert hemen atıldı:

> — Rehber amca, ben de legolarımla şehir yapıyorum. Canım sıkılınca söküp tekrar yapıyorum. Buradaki insanlar da öyle mi yapmışlar?

Herkes Mert'e güldü.

— Güzel benzetme Mertçiğim, dedi Kerim Ağabey. Ama Troya şehri; savaş, deprem, yangın gibi sebeplerden dolayı birkaç defa yeniden kurulmuş. Sen şehrini canın sıkıldığı için kurmuşsun.

— Hayır rehber amca, benim şehrim de felaket yaşadı. Şehrimin üstüne ağabeyim bastı. Şehir mahvoldu. Benim ağabeyim de bir doğal afet sayılabilir.

— Sus artık Mert. Beni el âleme rezil ettin.

Sonunda Mert, Kâmil'in yanına gitti de kurtuldum. Artık uğraşacak başka bir kişi bulmuştu. Ben de bir süre oturdum. Önümde uzanan ovayı ve ilerideki Ege Denizi'ni seyrettim. Deniz tarafından gelen rüzgâr önce zeytin ağaçlarını sallıyor, sonra da beni serinletiyordu. Bir süre burada yaşananları düşündüm. Beni kendime getiren ise öğretmenimin sesi oldu.

– Haydi Levent, gidiyoruz. Devam edelim.

Rehberimiz Troya Antik Kenti'ni gezdirirken bize bir yer gösterdi.

> – Arkadaşlar, Schliemann (Şiliman) hazineyi burada, şu ağacın yanında bulmuş.

Bizim tayfa hep bir ağızdan seslendi. Birden herkesin gözü açılmıştı:

> – Hazine mi!

Tayfadan farklı düşünen tek kişi ise Osman'dı. Herkes hazineyi sorarken, o çok daha farklı bir soru sordu:

– Schliemann da kim?

Bu soru rehberimizin de hoşuna gitti. Bir kişinin farklı bir soru sorması güzeldi.

– Schliemann arkeolojiye meraklı birisi arkadaşlar. Hayatı boyunca efsanelerde anlatılan Troya kentinin yerini aramıştır. 1868 ile 1873 yılları arasında izin almış ve burada kazı yaparak Troya Antik Kenti'ni bulmuştur. Troya Antik Kenti'ni bulan kişi olarak adını duyurmuş. Aslında ondan önce de burada kazı yapılmış, ilk kazı yapan kişi o değil. Ancak en bilineni o...

Schliemann Troya kentini kazmaya çalışırken daha yeni dönemlere ait yapılara zarar vermiş. Bir an önce şehri bulmak için bunları yapmış. Çalışmalarının sonucunda 31 Mayıs 1873 günü burada bir hazine bulmuş. Bulduğu hazineye Kral Priamos'un Hazinesi adını vermiş. Ancak bu hazinenin Troya'nın farklı bir zamanına ait olduğunu daha sonra kendisi de fark etmiş.

Schliemann kazıda bulduğu hazineyi yurt dışına kaçırmış. Hazineler o zamandan beri değişik kişilerin ve ülkelerin ellerine geçmiş. Ama bugün çok özel bir gün... Troya hazinelerinin bir kısmı ülkemize gelmişti. Kalan önemli bir kısmı da bugün ülkemize geldi. Hatta müzede bugün, biraz sonra sergilenmeye başlayacak. Bugün önemli bir gün...*

* Açıklama için 160. sayfaya bakınız.

Rehberimizin söylediklerini duyunca birden Osman'a baktım.

– **Cesur o yüzden burada olabilir,** dedim.

Osman sessiz kaldı. Sadece başını sallamakla yetindi. Bir zaman sonra bana döndü:

– Bunu öğretmenimizle paylaşmalıyız. Cesur bence bizim peşimizde değil, bu hazinenin peşinde...

Osman'la birlikte öğretmenimize doğru yaklaştık ve sadece onun duyabileceği bir ses tonuyla konuşmaya başladık.

– Öğretmenim, Cesur buraya gelen hazineyi kaçırmak isteyecektir. O yüzden buraya gelmiş bence... Ayazma'da bulduğumuz altın elma da zaten Troya ile ilgiliydi. Ne planlıyor bilmiyorum ama hazine hakkında olduğu belli... Bence yetkilileri uyarmalıyız.

Öğretmenimiz de aynı ses tonuyla cevap verdi:

– Çocuklar, Mine Ablanızın dediğine göre zaten polis de bundan şüpheleniyormuş. Müzeyi ziyaret ettiğinizde göreceksiniz. İnanılmaz güvenlik önlemleri var. Merak etmeyin, bu defa başaramayacak...

Troya kentinin kalıntılarını gezdik. Öğretmenimizin anlattığı olayların yaşandığı şehri görmek güzeldi. Artık öğretmenimizin söylediklerini daha iyi anlıyordum. Fakat aklımdan Cesur'u ve yapmak istediklerini de atamıyordum. Geçen defa bize dünyayı dolaştırmıştı. Onun yapacaklarını engellemek için ne tehlikelere girmiş ve neler atlatmıştık... Bakalım, bugün başımıza neler gelecekti...

TROYA MÜZESİ

Rehberimizle vedalaştık. Ona teşekkür ederek oradan ayrıldık. Bizi otoparkta bekleyen minibüsümüze binip uzun olmayan bir yolculuktan sonra müzeye geldik. Troya Müzesi tüm heybetiyle arşımızda duruyordu. Aracımızı park yerine bırakıp inmiştik ki öğretmenimiz bizi durdurdu.

– Arkadaşlar, size Troya Müzesi'nden söz etmek istiyorum. Troya Müzesi, bir arkeoloji müzesi. Bu müzenin projesi 2011 yılında düzenlenen bir yarışmayla belirlenmiş, müzenin yapımına 2013 yılında başlanmış ve 18 Mart 2018 yılında ise ziyarete açılmış. Ayrıca 2018 yılı bütün dünyada Troya yılı olarak kutlanmıştır. Sizden burada oldukça dikkatli olmanızı istiyorum. Leventçiğim, Mert'in elini hiç bırakma. Ne kadar dikkatli olursak o kadar iyi... Birbirimizden ayrılmayalım.

Öğretmenimizin gişeden aldığı biletleri bize vermesiyle müze gezimiz başladı. Tabii müzeyi gezmeye başlarken başımıza geleceklerden haberdar değildik.

***

Müzeye girdikten sonra hemen sol tarafta gördüğümüz alanda toplandık. Osman izin isteyip müzenin satış yerinden kendisine Troya'yı anlatan bir kitap aldı. Mert ise küçük bir Troya maketi olan anahtarlık aldı. Hayri yanımıza geldi.

- Arkadaşlar, dedi. Cesur burada olabilir. Dikkatli olmamız lazım. Aynı zamanda müzeye de bakalım.

Öğretmenimiz burada bir süre beklememizi söyledi. Kendisi de Mine Abla'yla görüşmeye gitmişti. Biz de müzeyi hızlı bir şekilde dolaşıp Cesur'un müzede olup olmadığını anlayacaktık. Kısa zamanda müzeyi kolaçan etmek için düşüncemi söyledim:

— Arkadaşlar, herkes asansörle bir kata çıksın. Gittiği katı dolaşsın ve tekrar burada buluşalım. Ne dersiniz?

Herkes kabul etti. Birlikte asansörlere yöneldik. Her birimiz bir katta indi. Ben de Mert'i yanımdan ayırmadım. Tehlikeli şeyler olabilirdi. Ayrıca Mert, müzeler için yeterince tehlikeliydi. Biz en üst kata çıkmıştık. Üst kat çok kalabalık olmasına rağmen Cesur yoktu. Ülkemize iade edilen Troya hazineleri sergilenmeye başlanmıştı. İnsanlar da kuyruk oluşturmuştu. En üst kattan çatıya da çıkılıyordu. Emin olmak için oraya bakmaya karar verdim. Çatıya doğru koşmaya başladım. Bir yandan koşarken diğer taraftan da Mert'i çekiştiriyordum.

— Haydi Mert, çabuk ol. Acelemiz var.

— Ağabey kolumu çekip durmasana, senin yüzünden kollarım maymun kolu gibi uzayacak. Çekme beni.

Çatıya, daha doğrusu terasa çıktığımızda etrafa bakındım ama Cesur yoktu. Geriye dönüp asansöre bindik ve başladığımız noktaya, giriş katına geldik. Biz gittiğimizde tayfanın tamamının orada olduğunu gördüm. En yukarıya biz çıktığımız için en son da biz dönmüştük. Nefes nefese konuştum:

— Cesur en üst katta yok. Hatta terasa da baktım. Orada da yok.

Osman kitaptan kafasını kaldırdı:

— Demek ki Cesur daha gelmemiş. Hiçbir yerde olmadığına göre güven içinde müzeyi dolaşabiliriz.

Biz kendi aramızda konuşurken öğretmenimiz yanında Mine Abla'yla birlikte geldi. Bunun üzerine müzedeki gezimiz başladı.

Müzede çok ilginç eserler vardı. Bu müze arkeolojik eserlerin sergilendiği bir müzeymiş. Sadece Troya dönemine ait değil, başka yerlere ve dönemlere ait de pek çok eser vardı. Gezilecek onlarca bölüm bulunuyordu.

Mert yanıma geldi. Beni çekerek götürmeye başladı:

— Mert nereye gidiyoruz?

— Ağabey çok ilginç bir şeyler gördüm.

Mert beni çekerek götürdü ve mızrakların önünde durduk.

— Bu mızraklar Troya Savaşı'nda kullanılmış olabilir ağabey. O topuğundan vurulan amca vardı ya... Komik bir adı vardı. Hani sizin öğretmeniniz anlatmıştı.

– Aşil'i diyorsun.

– Evet. Belki o, bu mızraklardan birisiyle vurulmuştur.

Mert'in anlatılanları dinlemiyormuş gibi yapıp dinlemesi güzeldi. Mert'i elinden tutup öğretmenimize götürdüm. Öğretmenimiz toplanmamızı istiyordu.

– Arkadaşlar, dedi öğretmenimiz. Troya kazılarında hiç yazılı belge bulunamadı. Troyalıların hangi dili konuştukları, hangi yazıyla yazdıkları bilinmiyor. Troya'da sadece bir tane üzerinde yazı olan belge bulundu. O da bir mühür... Yani bu gördüğünüz mühür. Bu mühür, Anadolu'da yaşayan Hititlerin dilinde yazılmış, Luvi dilinde.

Mert hemen atıldı:

– Öğretmenim yani on-
lar Luvi dilinde mi konu-
şuyorlarmış?

– Evet Mert.

– Ben de konuşabiliyorum o dili: Luvi luvi
luvi lu luvi... Luvi luvi luvi... Luvi....

– Sus Mert! Gürültü yapıyorsun.

– Beni hiçbir zaman anlamayacaksın ağabey. Ben öl-
müş bir dili canlandırmaya çalışıyorum. Benden başka
Luvice konuşan yok. Baksana...

Hepimiz Mert'in bu hâline çok güldük. Onu sus-
turup müzeyi gezmeye devam ettik. Müzede pek çok
eser vardı. Her birisi de çok ilginçti. Ayrıca küçükler
için oyun oynayabilecekleri yerler vardı. Oyun oynarken
bilgi ediniyorlardı. Mert her katta bunların yerini öğ-
rendi ve oynamaya başladı. Beni çok da rahatsız etmedi.
Bu gerçekten güzel düşünülmüştü. Bu yüzden rahat
bir şekilde müzeyi gezme fırsatımız oldu. Sadece tek
bir zorluk vardı: Bir üst kata giderken Mert'i oyunun

başından almak güç oluyordu. Aşağıdan yukarıya doğru çıkarken sadece tarihî eserler yoktu. İnsanlara bilgi vermek için pek çok alan ve pek canlandırma da vardı. Bunları tek tek inceledim. Troya Savaşı'nın kahramanlarının anlatıldığı, daha doğrusu kendilerini anlattıkları bölüm ise oldukça güzeldi.

En üst kata geldiğimizde sergilenmeye başlanan Troya hazinesini görünce herkes heyecanlandı. Hepimiz sırayla eserlere bakmaya başladık. O sırada terasın olduğu yerden sesler gelmeye başladı. Ses gittikçe artıyordu. Çabucak Mert'in elini tuttum. Arkadaşlarıma baktım. Kimsenin bir fikri yoktu. Osman:

– **Bir şeyler oluyor,** diyebildi.

Yukarıdan gelen ses gittikçe arttı. Bir noktadan sonra ise ses aynı şiddette devam etti. Sanırım bu bir helikopter sesiydi. Biz yukarıda neler olduğunu anlamaya çalışırken içeriye simsiyah kıyafetler içinde dört kişi girdi. Sonra da havaya ateş açarak bağırdı:

– Herkes yere yatsın!

Bu ses tanıdık geliyordu. Zaten kısa sürede sesin kime ait olduğunu da çıkardım. Bu, Cesur'un sesiydi. Mine Abla silahına sarıldı ama sonra etrafında pek çok insanın olduğunu fark edince silahını sakin bir şekilde yere bıraktı. Diğer görevlilere de aynısını yapmalarını söyledi.

– Etrafta çok fazla sivil var. Ateş etmeyelim.

– Kimse ateş etmesin!

Yaşadıklarımız bir aksiyon filmi gibiydi. Ben eğildiğim yerde Mert'e sarılmış bekliyordum. Aynı zamanda her şeyi de görebiliyordum.

Adamlar harekete geçti. İki adam silahlarını insanlara doğrulturken, diğer iki kişi de hazinelerin olduğu bölüme yöneldi. Görevliden bölümü açmasını istedi.

– Burası açılmıyor, kilitli, dedi görevli.

Bunun üzerine soyguncu, elinde tuttuğu sert bir cisimle camı kırmaya çalıştı. Bir süre uğraştıktan sonra cam büyük bir gürültüyle paramparça oldu. Adam sırtından çıkardığı çantasına oradaki hazinenin parçalarını doldurdu.

Cesur, cebinden bir şey daha çıkardı. Bu cismi daha önce görmemiştim. Onun pimini çekip yere attı.

Mine Abla herkese bağırdı:

– Herkes yere yatsın!

Hepimiz tekrar yere yattık. Mert'in elini bir an olsun bırakmadım. Cesur denen kötü adamın attığı o şey, bir zaman sonra duman çıkarmaya başladı. Kısa sürede üst katın tamamı duman içinde kaldı. Bu sisten yararlanan Cesur ve adamları kaçmayı başardılar. Kaçtıklarını da helikopter sesinden anladık. Mine Abla ve görevliler peşlerine düştüler ama iş işten geçmişti. Mine Abla morali bozuk bir şekilde yanımıza geldi.

– Bu hiç iyi olmadı, dedi ve derin bir nefes aldı.

Görevliler üst kattan başlayarak bütün ziyaretçileri dışarı çıkardı. Biz öğretmenimizle birlikte en üst katta bekledik.

Mine Abla bir süre sonra yine yanımıza geldi.

– Ne demişti Cesur?

"MACERA BAŞLIYOR! BAKALIM KİM KAZANACAK?"

Galiba arkadaşlar Cesur şu anda önde. Eğer biz bir şeyler yapıp Cesur'u yakalamazsak o kazanacak.

Kısa bir sessizlik oldu. Aramızdan ilk konuşan Mert'ti.

– Bu korkunç adamlar giderken ileriye bir şey bıraktı.

– Saçmalama Mert, sen nereden gördün? Sana bir şey olmasın diye ben üstüne kapanmıştım. Hangi arada gördün?

– Ağabey, gördüm diyorum. Adamlar ilerideki bir resmin önüne ilginç bir şey bıraktı. Sonra kaçtılar. Her taraf duman olduğunda gördüm onları.

Daha fazla uzatmadım çünkü buna gerek kalmadı.

– Tartışmaya gerek yok arkadaşlar, bunu öğrenmenin bir yolu var.

Öğretmenimiz yürüyüp Mert'in söylediği noktaya gittiğinde bize baktı:

– Mert haklı, burada bir şey var.

Önce Mine Abla, sonra da biz harekete geçtik. Öğretmenimizin yanına gittik. Mert haklıydı.

Öğretmenimiz herkesin yanında olduğunu görünce konuşmaya başladı:

— Bu bir altın elma... Dün Ayazma'da gördüğümüz altın elmadan...

Şaşkınlık içinde Mert'e baktım. Mert bana bakıp bilmiş bilmiş gülümsüyordu.

— Senden korkulur Mert. Hangi arada gördün bunu? Mine Abla:

— Anlaşılan Cesur yine bizimle oyun oynamak istiyor, dedi.

Elmaya bakmaya başladım. Hatta eğilip inceledim. Mine Abla kimsenin dokunmasını istemedi. Onun söylediğine göre elmada parmak izi olabilirmiş. Ayağa kalktım ve Mine Abla'ya seslendim:

> – Mine Abla, bu elma diğerlerinden farklı. Bak, bu elma iki parçadan oluşuyor. Anlaşılan içinde bir şey var. Diğeri tek parçaydı.

Mine Abla da benim yaptığımı yaptı. Eğilip yakından baktı elmaya.

> – Haklısın Levent, dedi. Bunun içinde bir şey olabilir.

Mine Abla eldivenlerini taktı. Elmayı, pek dokunmamaya çalışarak üst kısmında yer alan sapından tutup havaya kaldırdı. Elmanın yarısı yerde kalmıştı. Üstelik içinde küçük bir ağaç maketi vardı. Bu minik plastik ağaç bir oyun setinden alınmış gibiydi. Mert'in de şehir kurarken kullandığı bunun gibi ağaçları vardı. Ağacın yanında küçük bir not bulduk. Kelimesi kelimesine şöyle yazıyordu:

GECE YARISINA KADAR SÜRECEK BİR MACERAYA HAZIR OLUN. YARIN OLACAK VE HER ŞEY BİTECEK. HAZİNEYİ BULMAK ELİNİZDE... HAYDİ BAŞLAYALIM.

— Bizimle dalga mı geçiyor bu adam, dedi Mine Abla.
Öğretmenimiz:

— Bence bize bir ipucu vermiş, dedi. Şartlarımızın eşit olmasını istiyor. Bu adamın peşinde dünyayı dolaşırken de ipuçları bulmuştuk. Sanırım bu defa kazanmak istiyor. Geçen defa biz kazanmış ve onu yakalamıştık. Yani oyun başladı. Zaten dün bıraktığı mesaj da bunun içindi... Eğer ipuçlarını çözebilirsek bir sonuca ulaşabiliriz.

Hayri sordu:
— İyi ama bu ağaç neyi anlatıyor? Yazıda bir şey yok. En azından ben böyle anladım.
— Belki bulmamız gereken bir ağaç veya bir orman vardır, dedim.

Osman telefonunu eline alıp bir şeylere baktıktan sonra konuşmaya başladı:

— O zaman işimiz oldukça zor arkadaşlar. Çünkü Çanakkale'nin yüzde ellisinden fazlası ormanlarla kaplıymış. Bence bu ağacın başka bir anlamı olmalı.

Müzeyi hüzünlü bir sessizlik kapladı. Hazine çalınmış ve elimizde sadece maketten bir ağaç kalmıştı. Bana bir ömür kadar uzun gelen bir sessizlikten sonra Hayri konuştu:

— Cesur on metre ileride dururken niye buraya kadar gelip elmayı koydu? Kendi işini zorlaştırmış oldu. Hazineyi çaldıktan sonra elmayı hemen oraya koyup kaçabilirdi ama öyle yapmadı. Bu noktaya kadar yürüdü, sonra da koşarak uzaklaştı. Helikoptere binip uzaklaştı gitti. Bence bu noktada bir şey var. Dikkatli bakınca bulunduğumuz yerde büyük resimler olduğunu fark ettim. Bu resimler Troya'da çalışmış arkeologlara aitti. Elma da Frank Calvert adında birine ait fotoğrafın tam önüne konulmuştu.

Öğretmenimiz:

74

– Bence ipucu bu... Frank Calvert, dedi.

Fotoğrafın altındaki yazıyı okumaya başladım.

– Frank Calvert, Çanakkale'de konsolosluk yapmış. Troya şehrinin bulunduğu Hisarlık'ta ilk kazıları yapmış kişidir. Çanakkale'de yaşayan ve ölen Calvert'in mezarı da yine Çanakkale'dedir. Çanakkale'de yaşadığı konağın bahçesi bugün halk bahçesi olarak anılmaktadır.

Osman:

– Galiba aradığımız ipucunu bulduk, **dedi.** Elmanın içinden ağaç maketi çıkmıştı. Aradığımız yer halk bahçesi olabilir.

Mine Abla koşmaya başladı. Öğretmenimizle birlikte onu takip ettik. Müzeden çıkıp minibüsümüze ilerlerken Mine Abla da bizimle geldi.

Minibüsümüz hareket etti. Yolumuz yaklaşık 40 dakika kadar sürecekti. Mine Abla elinde telefon, pek çok kişiyle görüşürken, Osman'la ben de Osman'ın müzeden satın aldığı kitabı karıştırıyorduk. Belki işimize yarayan bir şeyler bulabilirdik.

Hava iyiden iyiye ısınmıştı. Hatta terlemeye bile başlamıştık. Minibüsümüz şehir merkezine vardıktan sonra bir süre daha yoluna devam etti. Birkaç yerden saparak şehir merkezine geldi ve bir yolun kenarında bizi indirdi. Sonra da park yeri bulmak için uzaklaştı.

Biz şehrin göbeğinde orman gibi bir yerle karşılaştığımız için şaşkındık. İçeriden gelen kuş sesleri, ağaçların gölgesi huzur vericiydi. Kapıdan içeri girer girmez ferahladığımı hissettim.

Mine Abla:

— Arkadaşlar, dedi. Birbirimizden ayrılmadan ilerleyelim. Halk bahçesini dolaşalım. Belki bir iz, bir ipucu buluruz. Bu büyük bahçede bunu nasıl yaparız bilmiyorum ama yapacak başka bir şeyimiz de yok.

Birlikte yürümeye başladık. Kedilerin ve kuşların özgür bir şekilde dolaştığı bu yerde insanlar yürüyüş yapıyordu. Bir süre sonra çok ilginç bir şeyle karşılaştım: Kedi ağacıyla... Bu ağaç, benim rüyamda gördüğüm sonra Mustafa Öğretmen'e anlattığım, onun da Levent kitabına aldığı kedi ağacına çok benziyordu. Kocaman ağacın üzerine onlarca kedi çıkmıştı. İşin ilginç yanı etrafta pek çok ağaç vardı ama kediler sadece bu ağaca çıkmış, kısık gözlerle sakin bir şekilde etrafı seyrediyorlardı. Bu manzara hepimizin hoşuna gitti.

Hayri:

> — Şimdi kedi mevsimi herhâlde...
> Bakın ağaç iyi kedi yapmış, dedi.

Üzerimizdeki gerginliği halk bahçesi sayesinde atmıştık. Fotoğraf makinemi çıkarıp kedi ağacının fotoğrafını çektim. Sonra da uzaklaşmakta olan tayfaya yetişmeye çalıştım.

KARNI ACIKAN VAR MI?

Halk bahçesinin her tarafını dolaştık. İyi bir yürüyüş yaptık. Fakat ne Cesur'a ne de onunla ilgili bir şeye rastladık. En sonunda başladığımız noktaya geri döndük. Bahçeye girdiğimiz kapının yanında yer alan banklara oturup beklemeye başladık.

— Öğretmenim şimdi ne yapacağız, dedi Hayri.

— Bilmiyorum çocuklar, buraya geldik ama burada tıkandık. Etrafta Cesur'la ilgili hiçbir şey yok. Ne yapacağımızı bilmiyorum. Bir süre bekleyelim ve etrafı izleyelim. Belki bir şeyler buluruz. Eğer hiçbir şey bulamazsak müzeye geri döner ve başka bir ipucu ararız. Kim bilir, o zamana kadar müzedeki görevliler de yeni ipuçları bulmuş olabilirler.

Ben etrafa bakmayı sürdürürken kapının hemen önünde bir pideci belirdi. Motosikletini park etti ve kaskını çıkarmadan elinde pideyle etrafa bakmaya başladı. Sanırım elindeki bir fotoğraftı. Birisi sipariş vermişti ve pideci de onu arıyordu.

Bir süre etrafına bakındıktan sonra bize doğru yürümeye başladı. Yanımıza gelince durdu. Kafasındaki kasktan kim olduğu belli olmuyordu. Gelip Kâmil'in önünde durdu:

– Kâmil Bey?

– Evet benim, dedi Kâmil.

– **Pidenizi getirdim,** dedi pideci.

Kâmil büyük bir mutlulukla pideyi aldı. Pideci çocuk dönüp hızlı bir şekilde motosikletinin yanına gitti.

— Kâmil sen pide siparişi mi verdin, diye sordum.

Herkes o sırada pidenin kutusunu açan Kâmil'e baktı.

— **Yoo,** vermedim. Ama bana geldi. Ne demiş atalarımız...

— Bir saniye Kâmil! O zaman kim sipariş verdi? Burada olduğumuzu kim biliyor ki, diye sordu Mine Abla.

Ayağa kalkıp koşmaya başladı.

— Onu yakalamalıyız. Şu pideci çocuğu...

Hepimiz peşine düştük. Tam gidecekken pide getiren çocuğu durdurmayı başardık. Mine Abla, cebinden polis kimliğini çıkardı. Tam konuşmaya başlayacakken Kâmil araya girdi:

— Sana çok teşekkür ederim dostum. Pide harikaydı, dedi Kâmil.

Üstelik pideyi hangi arada yediyse sadece iki dilim kalmıştı.

— Kâmil ne yapıyorsun?

— Biz niçin yakalamaya çalıştık ki pideciyi? Teşekkür etmek için değil mi?

Mine Abla pideciye dönüp soru sormaya başladı:

– Biraz önce bir adam geldi abla. Parasını nakit verdi. Halk bahçesinde Kâmil adında kilolu bir çocuk var, yanında başkaları da olacak. Ona pideyi ver, sonra da uzaklaş, dedi. Üstelik oldukça iyi de bahşiş bıraktı. Onu kocaman parkta bulmam için bana Kâmil'in bir fotoğrafını verdi.

Mine Abla bir ekip istedi ve o ekibi pideciye yönlendirdi. Belki orada bir ipucu bulunabilirdi.

Yeniden halk bahçesine girdik ve Kâmil'in yanına sıralandık. Öğretmenimiz elindeki pide kutusunu alıp sordu:

– Kâmil sen ne yaptın?

– Ne yapacağım, bana gönderilen pideyi yedim. Başka ne yapabilirim?

– Bunu sana Cesur göndermiş. Nasıl yersin? Zehirli olabileceğini düşünmedin mi?

— Hayır, aklıma gelmedi öğretmenim. Ama güzelmiş pide. Üstelik Cesur akıllı bir adama benziyor. Baksana bana pide göndermiş. Benim pideyi sevdiğimi, hatta ne tür pide sevdiğimi de öğrenmiş olmalı.

— Senin sevmediğin bir yiyecek yok ki. Sen her şeyi seviyorsun.

— Doğru aslında ama zaten acıkmıştım. Bu çok iyi geldi.

— **Sus Kâmil,** dedi öğretmenimiz.

Ardından pide kutusunu alıp incelemeye başladı. Kâmil'in henüz yemediği dilimlerin altından küçük bir paket çıktı. Öğretmenimiz bu küçük kâğıt paketi özenli bir şekilde açtı.

— Pideden sonra da yemem için tatlı mı göndermiş Cesur?

— Sus Kâmil. Ağzın doluyken konuşmamalısın.

— O zaman benim hiç konuşmamam lazım. Benim ağzım hep dolu olur da...

Kâmil'in susmasıyla tekrar işimize odaklandık. Öğretmenimiz açtığı paketten küçük bir Troya Atı maketi çıktı.

— Bu bize ne anlatmalı, diye sordu Mine Abla.

Kısa bir sessizlik oldu. Kimsenin aklına bir şey gelmediği zaman böyle sessizlikler oluyordu. Tıkanıp kalmıştık. Neyse ki Osman telefonuyla ayağa kalktı.

— Öğretmenim, Mine Abla, şu kapıdan dışarıya çıkarsak karşımıza bir Troya Atı çıkacak. Belki orada bir şeyler buluruz.

Birlikte koşmaya başladık. Zamana karşı bir yarış söz konusuydu. Üstelik ipuçlarını çözmeye çalışırken epey zaman da harcamıştık.

Troya Atı çok da uzağımızda değildi. Halk bahçesinden çıkıp karşımızda görünce sevindik. Yoldan karşıya geçip atın altında durduk. Osman telefondan bulduğu atla ilgili bilgileri okumaya başladı.

— 2004 yılında gösterime giren ve bütün dünyada en çok izlenen filmlerden birisi olan Troy'da kullanılan at Japonya'dan getirildi. Çanakkale'nin kordonuna yerleştirilen at ziyaretçi çekmeye devam ediyor.

Biz atın etrafında dolaşırken Mert üst tarafta duran bir şey gösterdi.

- Ağabey orada bir şey var. Tıpkı bir elmaya benziyor.

Geri çekilip bakınca Mert'in doğru söylediğini fark ettim. Sevgiyle saçlarını okşadım.

- Öğretmenim, Mert doğru söylüyor. Atın sırtında bir elma var. Müzede bulduğumuza benziyor.

Kısa sürede herkes toplandı. Mine Abla kimliğini göstererek orada bulunan resmî görevlilerden yardım istedi. Yakınlarda bulunan bir iş yerinin bize verdiği bir merdiven geldi. Mine Abla, merdivene çıktı. Bir süre inceledikten sonra elmayı alıp aşağıya indi. Elma müzedeki gibi iki parçaydı. İçinde bir şey olduğu belli oluyordu. Mine Abla dikkatli bir şekilde elmayı açtı. Elmanın içinden, pidenin içinden çıkan atın aynısı çıktı. Üstelik bir tane de yazı vardı.

ÇOK DİKKATSİZ OLDUĞUNUZU SÖYLEMİŞ MİYDİM? YANLIŞ ATIN PEŞİNDESİNİZ.

Kısa bir sessizlikten sonra öğretmenimiz konuştu:

— Bir hata yaptık Mine Hanım. Bakın bize gönderdiği ve bu elmadan çıkan Troya Atı figürü birbirinin aynısı ama bu at değil. Başka bir Troya Atı'na ait.

Mert hemen atıldı:

— Evet öğretmenim. Bu atı ben Troya şehrinin girişinde görmüştüm.

— Aferin Mert, çok dikkatlisin.

Öğretmenimiz minibüs şoförüne telefon etti. Bir iki dakika geçmişti ki minibüs şoförü gelip önümüzde durdu. Hemen atladık.

Gideceğimiz yer belliydi. Antik kente dönecektik. Bu da zaman kaybı demekti. Zaman kaybı da olsa yapacak bir şey yoktu. Cesur'un bizi yönlendirdiği yere gitmek zorundaydık. Gece yarısı olmadan bu hırsızlık olayını çözmeliydik. Yoksa hazineler geldiği gibi gidecekti. Moral bozukluğu içinde yola koyulduk.

Osman:

— Acaba gece yarısına kadar bu olayı çözebilecek miyiz, diye söylendi.

— Bilmiyorum dostum, dedim ve kulaklığımı takıp bir süre müzik dinledim. Müzik beni biraz sakinleştirebilirdi.

UB–46 DA NE?

Troya tabelasını görünce ana yoldan saptık ve müzenin önünden geçerek antik kentin girişine geldik. Aracımızı bırakıp hızlı bir şekilde yürümeye başladık. Polisler atın girişini tutmuş kimseyi içeri sokmuyordu. Mine Abla kimliğiyle girdi. Daha sonra biz de onunla birlikte atın merdivenlerini tırmanmaya başladık. Merdivenleri tırmanıp atın içine çıkınca biraz soluklandım. O sırada etrafıma baktım ancak Mert yanımda yoktu. Hemen yanımda duran pencereden dışarı baktım. Mert dışarıda, atın hemen ilerisinde giyinmeye çalışıyordu. Yanında da Hayri vardı. Hayri benim panik yaptığımı anlamış olacak ki bana seslendi:

— Merak etme Levent. Biz buradayız, sizi bekliyoruz.

Artık işime odaklanabilirdim. O sırada hemen önümde Kâmil konuşuyordu:

– Biz şimdi atın midesindeyiz. Galiba at yemi olduk. Genellikle hep yiyen tarafta olduğum için bu bana oldukça garip geldi.

– Biraz sessizlik, dedi öğretmenimiz.

Osman'ın arkasından gittiğimizde içeride, yerde bir şekil vardı. Bu şekil küçük Troya atlarıyla çizilmişti. Anlaşılan Cesur yere bir şey yazmaya çalışmıştı. Fakat yazı okunmuyordu. Yazının iki yerinde boşluklar vardı. O sırada aklıma Kordon'daki

Troya Atı'nda bulduğumuz ve pideci çocuğun getirdiği atlar geldi Atlardan birisini ben aldım, diğerini ise Osman aldı.

Anladığım kadarıyla elimizdeki iki atla şekli tamamlamamız gerekiyordu. Bir veya iki deneme yaptıktan sonra iki minik atın da yerini bulduk. Böylece atlarla yazılmak istenen yazıyı çözmüş olduk. **UB−46** yazıyordu. Cesur'un bıraktığı bulmacayı kolay bir şekilde çözmüştük ama bu, yeni soruları ortaya çıkarmıştı.

Yine aynı şey olmuştu. Yeni bir ipucumuz ve bilmediğimiz şeyler vardı. Bir ipucunu daha çözmek mutlu etmişti. Yerimizde saymamış ilerlemiştik ama sonuca ulaşmak için UB–46'nın ne olduğunu bulmamız gerekiyordu.

Osman:

– Yeni ipucumuz hayırlı olsun, dedi. Yine koşuşturma başlayacak.

Cesur'un bıraktığı şeklin fotoğrafını çektik. Ardından olay yerini polislere bıraktık. Attan dışarı çıkınca Mert ile Hayri'nin yanına doğru gittim. Gittiğimde gördüğüm manzara karşısında bütün dertlerimi ve sıkıntılarımı unuttum. Gülmeye başladım. Arkamdan gelen diğerleri de kendilerini tutamayıp gülüyorlardı. Hayri kral olmuş, kıyafetleriyle çok iyi görünüyordu. Yanında ise Mert duruyordu. O da oldukça ilginç bir kıyafet gitmişti. Hayri bizi görünce daha da kasıldı:

> – Ben I. Troya kralı Hayriyus... Bu da benim sadık yardımcım Mertyus...

Bu duruma bozulan Mert kralına dönüp konuşmaya başladı:

> – Ben neden kral olmuyorum Hayri Ağabey yani I. Hayriyus Ağabey? Ben neden sadık yardımcıyım? Köle deseydin bari...

> – Çünkü Mertçiğim, bu kıyafetlerle fotoğraf çektirmek için gerekli olan paranın çoğunu ben verdim. O yüzden kral da benim.

Öğretmenimizin seslenmesiye Hayri ve Mert kalktı. Birlikte çekildikleri fotoğrafı da alıp yanımıza geldiler. Hepimiz bir araya geldiğimizde bir kenara geçip oturduk. Bir yerlere gitmeden önce UB-46'nın ne olduğunu çözmemiz gerekiyordu. Bu yazı dışında atın herhangi bir yerinde, başka bir işaret de bulamamıştık. Bir süre düşündükten sonra Osman telefonunu karıştırmaya başladı.

Osman bir süre sonra kafasını mutlu bir şekilde kaldırdı:

– Galiba bir şey buldum. Bizim soygunla ilgili mi bilmiyorum. UB–46 bir denizaltıymış. Alman denizaltısı... Birinci Dünya Savaşı'nda görev yapmış, Karadeniz'de görevden dönerken Kemerburgaz açıklarında bir mayına çarpıp batmış. Onlarca yıl sonra 1993 yılında Kemerburgaz açıklarında kömür ararken bulunmuş.

Osman okuduğu yazıyı bitirip bize döndü.

Mine Abla:

— UB-46 bir denizaltı, bunu anladık, dedi. Fakat benim anlamadığım bu denizaltının bizimle ne ilgisi var? Yani daha doğrusu Çanakkale'yle ne ilgisi var?

Osman konuşmadan tekrar telefona daldı. Bir süre sonra heyecanla bağırdı:

— Öğretmenim, Mine Abla! Galiba tekrar Çanakkale şehir merkezine dönmemiz gerekiyor. UB-46'yı bulunduktan sonra **Çanakkale Deniz Müzesi**'ne, yani **Çimenlik Kalesi**'nin bahçesine getirmişler. Orada sergileniyormuş.

Öğretmenimiz minibüsün şoförünü aradı. Çanakkale'ye dönüş yolculuğu başladı. O sırada öğretmenimiz de Çimenlik Kalesi'yle ilgili bize bilgiler verdi.

— Arkadaşlar, Çimenlik Kalesi olarak da adlandırılan kalenin eski adı Kale-i Sultaniye'dir, yani Sultan Kalesi. Fatih Sultan Mehmet tarafından 1462–1463 yılları arasında yaptırılmıştır. Bu kalenin tam karşısında yani boğazın diğer yakasında, Avrupa tarafında ise Kilitbahir Kalesi bulunmaktadır. İki kale boğazın en dar yerine inşa edilmiş. Böylece Çanakkale Boğazı'ndan geçmek isteyen gemiler kontrol altına alınmış ve bu şekilde o zamanın başkenti olan İstanbul da korunmuştur. Ayrıca Çimenlik Kalesi'nde, Çanakkale Savaşları sırasında düşman gemilerinden atılan patlamamış bir mermi bulunmaktadır. Bunun yanında Nusret Mayın Gemisi'nin birebir ölçülerinde bir maketi de kalenin bahçesinde sergilenmektedir.

Ayrıca Fatih'in de Troya Savaşı'yla ilgilendiğini biliyoruz. Fakat bundan önce size Homeros adında bir kişiden söz etmek istiyorum. Homeros; Antik Çağ'da yaşamış, İlyada ve Odessa Destanları'nı yazmış olan ozanın adı. İzmir civarında yaşadığı sanılıyor. Milattan önce 750 civarında doğmuş olan ozan, Çanakkale bölgesini de ziyaret etmiş ve bu bölgede yaşanan savaşı destanında anlatmış. Fatih Sultan Mehmet'in kitaplığında 260 sayfalık Homeros'un yazdığı bir İlyada Destanı bulunuyor. Bu kitap hâlâ saklanmaktadır.

Size kısaca bu destandan da söz etmek istiyorum. Biz Troya Savaşı hakkındaki bilgileri İlyada Destanı'na borçluyuz. Zaten burayı bulan ve hazineleri ülkemizden kaçıran Schliemann da destandan yola çıkarak araştırmalar yapmış. Bu destanda on yıl süren Troya Savaşı'nın son 51 günü anlatılmış.

Fatih Sultan Mehmet'in destanı okuduğunu ve bu savaşla ilgilendiğini hatta İstanbul'u fethederek "Troya'nın intikamını aldık." dediği söyleniyor.

Öğretmenimizin konuşmaları sayesinde yolculuk çok çabuk geçti. Kalenin yakınındaki bir otoparka minibüsü bırakıp yürüyerek müzeye gittik. Girişten geçtikten sonra hemen sağ tarafımızda Nusret Mayın Gemisi'nin maketi vardı. Gezi kulübü olarak ilk gezilerimizden birini Çanakkale'ye yapmış ve Mert'le Nusret Mayın Gemisi'nin maketini ziyaret etmiştik. Tekrar görmek isterdim ancak zamana karşı yarışıyorduk. Çimenlik Kalesi'nin bahçesinde hızla ilerlerken savaşlarda kullanılan pek çok mayın, top benzeri silah da gördük.

Denizaltının yani daha doğru söylemek gerekirse denizaltı enkazının önüne geldiğimizde durduk. Denizaltı bu yarım hâliyle bile oldukça heybetli duruyordu. Gördüğümüz bölüm UB-46 denizaltısının burun kısmıymış.

Hep birlikte gemi enkazının kenarından içeriyi incelemeye başladık. Denizaltının içinde sarı renkli, torpidoya benzettiğim bir şey vardı. Onun hemen üstüne küçük bir kutu yerleştirilmişti. Mine Abla sakin bir şekilde kutuyu uzaktan inceledi. Sonra da dikkatlice alıp

geldi. Bulduğu şeyi çimlerin üzerine koydu. Dikkatle onu izlemeye başladık.

Mine Abla kutuyu açtığında ilk tepki veren Kâmil oldu:

– Peynir helvası, hem de fırınlanmış! Ben bu adama bayılıyorum. Önce pide, şimdi de fırınlanmış peynir helvası. Çanakkale, peynir helvasıyla meşhur...

Öğretmenimiz Kâmil'i uyardı:

– Kâmil sessizlik...

Kâmil'in susmaya pek niyeti yoktu.

– İşiniz bitince bu helvayı ne yapacaksınız?

– O bir delil Kâmilciğim. Onu yiyemezsin.

Kâmil bu defa daha sakin bir şekilde konuşmayı denedi.

– Acaba işiniz bitince delili yiyebilir miyim?

Mine Abla bize bakıp gülümsedi.

– Peynir helvasının altında bir ipucu olabilir.

Kâmil atıldı:

– Durun, ben kutuyu boşaltabilirim. Helvaya yazık olmasın.

Kâmil eline aldığı helvayı bir iki hamlede yedi. Sonra da kutuyu Mine Abla'ya uzattı.

– Helva tazeymiş. Nefisti üstelik.

Mine Abla:

– Yardımların için teşekkür ederim Kâmilciğim, dedi.

– Ne demek ablacığım, benim için büyük bir zevkti. Böyle deliller olduğu zaman bana söylemen yeterli.

Kâmil tatlı yemenin verdiği mutlulukla çimlere uzandı. Biz de kutuya baktık. Kutunun altında bir kâğıt vardı. Öğretmenimiz kâğıdı alıp okumaya başladı:

TAM 6 BİN YIL ÖNCE
BULUNDU BU ALET
BİR SAAT İÇİNDE
BU GİZEMİ HALLET

– Bu defa diğer ipucunu bulmak için süre sınırı var. Tam bir saat zamanımız var, dedim.

Hayri de:

— Altı bin yıl önce icat edilmiş bir şey lazım bize, dedi.

Öğretmenimiz araştırmaya başladı:

— Arkadaşlar, altı bin yıl önce demek milattan önce dört bin yılı demek. Bu şekilde aratırsak belki bir şeyler bulabiliriz. İsterseniz bu arada aracımıza doğru yürüyebiliriz. Hem zamandan kazanmış oluruz.

Birlikte yürümeye başladık. Öğretmenimiz araştırırken bir anda durdu.

— Arkadaşlar Milattan önce dört bin yılında Mısırlılar tarafından ilk saat yapılmış. Zaten şiirde de saat geçiyor. Aradığımız şey saat olabilir.

Mert atıldı:

— Öğretmenim ben buraya gelmeden hemen önce bir saat kulesi görmüştüm. Hemen ileride... Buraya çok yakın.

— O zaman acele edelim. Aracımız da oraya gelir ve bizi oradan alır. Haydi koşun.

Yine hızlı bir koşuşturmanın içine girdik. Koşmaya yeni başlamıştık ki küçük bir meydana açılan yerde saat kulesiyle karşılaştık.

Osman okumaya başladı:

– Çanakkale Saat Kulesi... II.Abdülhamit döneminde, 1897 yılında yaptırılmıştır. İtalya Fahri Konsolosu Emilie Vitalis'in maddi desteğiyle yapılmış. Başka da pek bir bilgi yok. Kapısı kilitli.

Hayri heyecanla konuşmaya başladı.

– Bence aradığımız şey bir saat kulesi olamaz ya da bir saat değildir. Saat altı bin yıl önce bulunmamıştır. Yani bildiğimiz böyle bir saat daha sonra bulunmuş olabilir.

Öğretmenimiz elindeki telefonla tekrar aramaya başladı. Bir zaman sonra bize baktı:

– Hayri haklı, dedi. 1524 yılında Almanya'da bir kilit ustası ilk kurmalı saati üretmiş. Milattan önce 4000 yılında bulunan saat ise güneş saatiymiş, dedi.

Ardından öğretmeniz ellerini beline koyup bize döndü:

– Bize güneş saati lazım...

Öğretmen son cümlesini biraz yüksek sesle söylemişti ki yanımızdan geçen yaşlı bir kadın durup gülümsedi.

– Aradığınız güneş saati kordonda... Şuradan ilerleyin. Hemen ilerisi, gördüğünüz yer kordon. Oradan devam edin, karşınıza güneş saati çıkacak.

Tam yürüyecektik ki minibüsümüz geldi. Sanırım Mine Abla daha önceden aramıştı. Bindik ve aracımız kordon boyunca ilerledi. Biraz önce gördüğümüz Troya Atı'nı geçip arkasında durduk. Çabucak araçtan inip karşıya, kordon tarafına geçtik. Koşar adım soluğu güneş saatinde aldık.

Mine Abla:

– Arkadaşlar bu güneş saati Çanakkale 18 Mart Üniversitesi tarafından yapılmış, dedi. Ayrıca bazı özellikleri bakımından da ilkmiş. Dünyanın ilk takvimli güneş saatiymiş.

Mert hepimizin aklından geçeni dile getirdi:

– Güneş saatini bulduk ama burada bir şey yok. Acaba birisi mi aldı ipucunu?

Kâmil konuşmaya katıldı:

– Eğer yine yiyecek bir ipucu koyduysa Cesur... Bu martılar alıp yemiş olabilir. Dün de benim simidimi alıp kaçmışlardı.

Öğretmenimiz gülümseyerek cevap verdi:

– Sanmıyorum Kâmilciğim. Buraya, herkesin geçtiği bir yere, yenilecek bir ipucu bırakacağını sanmıyorum. İyi gizlenmiş bir ipucu vardır diye düşünüyorum.

Hepimiz güneş saatinin etrafına sıralanıp incelemeye başladık. Fakat herhangi bir farklılık, işaret, iz, hiçbir şey yoktu.

Osman eğildiği yerden kalktı:

– Biz şu anda bir güneş saatine, aynı zamanda bir takvime bakıyoruz. Bu saatin, güneş saatiyle takvimin birleştiği dünyadaki tek örnek olduğunu okumuştum. Bugün 6 Haziran, hemen takvime bakalım.

Osman takvimde sağ alt köşede yer alan haziran ayına elini sürdü.

– **Etiket gibi bir şey yapıştırmış olabilir,** dedi.

Elini bir süre gezdirdi. Eğilip baktı ama haziran yazılı bölümde bir işaret veya başka bir şey göremedi. Cesur bu takvime yani saatli takvime bir işaret koymuştur ama nereye?

Mine Abla:

– Belki de Cesur kendisiyle ilgili bir tarihe not düşmüştür, dedi. Mesela ben olsam bu takvimde ilk bakacağım yer doğum günüm olurdu. Cesur'un doğum gününün olduğu yeri bulmalıyız. Ama bunun için önce onun hangi ayda doğduğunu öğrenmeliyiz.

Mine Abla, hemen telefonuna sarıldı:

– Alo amirim, sizden bir ricam olacak. Aradığımız Cesur Taş adlı şahsın doğum tarihi için kayıtlara bakmanız mümkün mü, diye sordu.

Kısa bir beklemeden sonra cevap geldi:

– 11 Şubat, teşekkür ederim. Sağ olun.

Osman telefonun kapanmasını beklemeden takvimin sağ üst köşesinde yer alan şubat ayında elini gezdirmeye başladı. Daha sonra da dikkatlice baktı.

– Sanırım burada bir şey var. Buraya yapıştırılmış bir kâğıt, çıkartma gibi bir şey...

Osman biraz uğraştıktan sonra elindeki kâğıdı göstererek gülümsedi.

– Galiba buldum. Fakat bu adam bizimle dalga geçiyor olmalı, dedi ve sonra kâğıdı bize uzattı.

ARTIK DOĞUM GÜNÜMÜ ÖĞRENDİĞİNİZE GÖRE BİR ÇİÇEK GÖNDERİRSİNİZ HERHÂLDE...

PİRİ REİS'İN İZİNDE

Kâğıda herkes dikkatlice baktı. Yazıdan başka bir şey yoktu. Elime alıp güneşe tuttum.

— Güneş saatinde bulduğumuz kâğıdı güneşe tutmak lazım, dedim.

Havaya kaldırıp baktığımda kâğıtta yazı dışında bir de gizli bir resim, yani filigran olduğunu fark ettim.

— **Burada bir şey var,** dedim.

Herkes benim arkamda durdu ve tuttuğum kâğıda bakmaya başladı.

Öğretmenimiz elini uzattı:

— Leventçiğim, rica etsem şu kâğıda ben de yakından bakabilir miyim?

Kâğıdı alan öğretmenimiz gözüne daha da yaklaştırdı.

– Bu haritayı biliyorum, dedi. Bu Piri Reis'in dünya haritası...

Osman elindeki telefona baktı.

– Arkadaşlar, kordonun ilerisinde büyük bir harita var. Piri Reis'in dünya haritası... Belki aradığımız yer orasıdır.

Minibüse binmek yerine koşmaya başladık. Zamana karşı bir yarış içindeydik ve bu yarışı da kaybetmek üzereydik. Herkes koşuyordu, kordonda yürüyüşe çıkmış insanlara çarpmamaya dikkat ediyorduk. Haritanın olduğu yere ilk ben vardım. Tam ortasında durdum.

– İşte harita, dedim.

Yere çizilmiş harita oldukça büyüktü. Mine Abla ve öğretmenimiz haritanın

her bir köşesini bir kişiye verdi. Hepimiz sorumlu olduğumuz yere bakmaya başladık. Eğilip dizlerimin üzerine çöktüm ve yakından bakmaya başladım. Bizi görenler ne yaptığımızı anlamaya çalışıyorlardı. Kimseye aldırmadan işimi yapmaya devam ettim.

Ne kadar zaman geçti bilmiyorum. Teker teker pes ettik, hiçbir şey bulamamıştık. İlk pes eden Mert oldu. Ellerini beline koydu. Önce beni izledi, sonra boğaza baktı. Geçen gemilerin isimlerini okumaya çalıştı.

Hepimiz aramayı bıraktık. Kocaman haritanın bakmadığımız, kontrol etmediğimiz yeri kalmamıştı.

Öğretmenimiz:

– Burada bir şey yok arkadaşlar. Buraya kadar, dedi.

O sırada bizim konuşmalarımızla, yaşadıklarımızla pek ilgiliymiş gibi davranmayan Mert birden panik oldu. O panik hâliyle bir şeyler anlatmaya çalıştı ancak ben anlamadım. Derdini anlatamayınca tane tane konuştu ve başardı:

– **Ağabey bakın, ileride Piri Reis Müzesi var. Orada belki aradığımız şeyi bulabiliriz. Cesur belki burayı anlatmıştır.**

Mert'in saçlarını okşadım:

– Aferin Mertçiğim, bunu görmen iyi oldu.

Koşarak müzeye doğru ilerledik. Kordondan yola doğru yürüdük. Yoldan karşıya geçtik, kaldırım boyunca koşarak nefes nefese müzeye girdik. Bir süre dinlendikten sonra etrafa bakmaya başladık. Osman'ın söylediğine göre Piri Reis'in dünya haritası Topkapı Sarayı'ndaymış, burada değilmiş. İpucunda haritanın resmi vardı. Biz etrafa bakarken Mine Abla da güvenlik görevlisinin yanına gidip kimliğini çıkardı. Sonra da Cesur'un fotoğrafını gösterdi.

– **Bu kişiyi gördünüz mü?**

– Maalesef hatırlamıyorum. Ama güvenlik kamerası görüntüleri var. Onları inceleyebiliriz, dedi.

Mine Abla masanın diğer tarafına geçip görüntülere bakmaya başladı. O sırada kendisine bir mesaj geldi. Fakat mesajda ne yazıyorsa birden Mine Abla'nın yüzü değişti.

Mesajda ne yazdığını merak etmeme rağmen sormadım. Bizimle ilgili olsa söylerdi zaten. Mine Abla nedense kamera kayıtlarını izlemeye devam etmedi. Ayağa kalkıp görevliye teşekkür etti. Daha sonra bize bakıp gelmemizi işaret etti. Bunun üzerine hepimiz toplandık.

Mine Abla konuşmadan telefonuna gelen mesajı bize gösterdi.

MESAJ

YANLIŞ YERDESİNİZ DOSTLAR. PİRİ REİS HARİTASINI YANLIŞ YERDE ARIYORSUNUZ. TİK TAK TİK TAK!.. ZAMAN DARALIYOR. ACELE EDİN VE YARIM SAAT SONRA KALKACAK OLAN KİLİTBAHİR FERİBOTUNA BİNİN. KARŞINIZA ÇIKAN İLK PİRİ REİS'İ BULUN. BENDEN DE DAHA FAZLA İYİLİK BEKLEMEYİN. CESUR

YANITLA:

Uygun bir noktada bekleyen aracımız bizi almaya geldi. Atladığımız gibi limanın yolunu tuttuk. Limandan içeri girince Kilitbahir feribotunun sırasına girip beklemeye başladık.

Öğretmenimiz:

— Eceabat yerine Kilitbahir'e gitmemizi istediğine göre aradığımız şey Kilitbahir'de, dedi.

Sonra da Osman'a döndü:

— Osman bak bakalım. Burada Piri Reis'le ilgili bir yer var mı?

Osman telefonunu karıştırmaya başladı. Kısa zaman sonra kafasını kaldırdı:

— Öğretmenim Gelibolu'da Piri Reis'le ilgili bir müze var. Ama burada, Kilitbahir Kalesi'nde Piri Reis Odası var. Burada yazana göre Piri Reis meşhur dünya haritasını bu kalede çizmiş. Fatih tarafından Çimenlik Kalesi'yle yakın tarihlerde yapılmış. 1462–1463 yılları arasında boğazı korumak için yaptırılmış. Sanırım Cesur'un dediği yer bu kale... Çünkü mesajın sonunda yonca emojisi vardı. Kale üç yapraklı yonca şeklindeymiş.

Yaklaşmakta olduğumuz Kilitbahir Kalesi gerçekten yoncaya benziyordu.

– Aradığımız yer burası, dedi öğretmenimiz.

Osman gayet düşünceli görünüyordu.

– Benim anlamadığım bir şey var. Bu adam bizim müzede olduğumuzu nasıl bildi? Acaba bizi mi gözetliyorlar? Peşimizde birisinin olduğunu da hiç fark etmedik. Bizi nasıl buldular anlamış değilim, dedi.

Öğretmenimiz daha ilginç bir soru sordu:

– Benim de anlamadığım neden bize yardım etti? Onu yakalarsak tekrar hapse gireceğini biliyor. Neden bize mesaj gönderip yardım ediyor? Amacı ne? Yoksa bizi tuzağa mı çekmek istiyor?

Herkesin kafası karışıktı anladığım kadarıyla... Kafası en berrak olan Kâmil'di. Ne istediğini bilen bir tek o vardı. Yemek yemek istiyordu çünkü karnı acıkmıştı.

Dün sabah olduğu gibi martılar yine görev başındaydı. Gemiyle birlikte uçuyor ve yolcuların verdikleri simitleri yiyorlardı. Ama bu defa martıları besleyecek zamanımız yoktu. Herkesin aklında çalınan hazinenin bulunması vardı. Bu yüzden de Kâmil dışında kimsenin yiyecek düşündüğü yoktu.

ESRARENGİZ BİR SAYI

Gemi, Avrupa kıtasında olan Kilitbahir'e yanaştı. Kapı yavaş yavaş açıldı. Araçlar sırayla inmeye başladılar. Biz sonlara yakın olduğumuz için bekledik. Nihayet gemi boşalmıştı, biz de indik. Gemiden inen aracımız limandan yola çıkıp sola doğru döndü. Daha hızlanmadan durdu. Hemen aracı park edip koşmaya başladık. Akşam olmaya başlamıştı. Müzenin kapanma saatine de az kalmıştı. Bu yüzden acele etmeliydik. Kaleden içeri girdik.

Sarı Kule tabelasını görünce oraya girdik. Hızlı bir şekilde tırmandık. Karşımıza çıkan boğaz manzarası büyüleyiciydi. Bir süre durup derin derin nefes aldım. Batmak için yön değiştirmiş güneşin ışıkları artık sarıydı. Bir süre boğazı seyrettim. Hatta bir tane de fotoğraf çekmeyi akıl ettim. Arkadaşlarıma yetişmek için hareket ettiğimde hepsi birden dışarı çıktılar.

– Ne oldu, diye sordum.

Karşıma ilk Mert çıktığı için o cevap verdi:

> – Ağabey, Piri Reis Amca burada değilmiş. Aşağıda odası varmış. Şimdi onu görmeye gidiyoruz, dedi.

Uzun uzun güldükten sonra ona Piri Reis'i anlatmaya başladım. Onunla konuşurken telefonumdan yararlanmayı unutmadım.

– Bak Mertçiğim, Piri Reis 1465 ile 1470 yılları arasında Gelibolu'da doğmuş. Amcası Kemal Reis'in yanında denizciliğe başlamış. Onun yanında denizciliği öğrenmiş. Amcasıyla Akdeniz'de korsanlık yapan Piri Reis'in gerçek adı Muhiddin Piri'ymiş. Büyük bir denizciymiş. Ama aynı zamanda da büyük bir haritacıymış. ==Kitab-ı Bahriye== adlı bir kitabı varmış.

– Ağabey Kitab-ı Bahriye ne demek? Bahriye adında birisini mi anlatıyor?

– Hayır Mertçiğim, **Kitab-ı Bahriye "Deniz Kitabı"** demek... Piri Reis, amcasıyla birlikte Osmanlı Devleti'ne katılmış. Böylece Osmanlı Devleti'nin deniz gücünü oluşturmuşlar. 1511 yılından itibaren Gelibolu'da yaşayan Piri Reis, burada meşhur dünya

haritasını çizmiştir. Bu haritayı çizerken kendi gözlemlerinden ve başka kişilerin çizdiği haritalardan yararlanmıştır. 1554 yılında da hayatını kaybetmiştir.

Biz konuşurken diğerleri de aşağıya inmişti. Biz de biraz hızlanarak onları yakaladık. Birlikte içeriye girip etrafa bakmaya başladık.

Piri Reis için hazırlanan odada Piri Reis hakkında pek çok şey vardı. Benim en çok ilgimi çeken şey ise onun bal mumundan yapılmış heykeli oldu. Bir masada oturmuş, çalışır şekilde yapılmıştı. Yanına gidip masanın üstünden ne olduğunu anlamaya çalıştım.

Fakat işin ilginç tarafı, masanın üzerinde bir yazı, daha doğru söylemek gerekirse rakamlar vardı. Herkesi yanıma çağırdım. Diğerleri de benim gibi odada bir ipucu arıyorlardı. Çağırmamla birlikte herkes yanımda toplandı.

Konuşmadan masanın üstündeki rakamları gösterdim. Mine Abla görevliye kâğıdı gösterdi. Görevli gelip inceledi. Bu kâğıdı görünce o da çok şaşırdı.

— Bu sabah burada o kâğıt yoktu. Hangi arada, kim koydu buraya, anlamış değilim, diyebildi adam.

Görevlinin yardımıyla kâğıt alındı. Mine Abla parmaklarının ucuyla kâğıdı tuttu. Sonra havaya kaldırdı. Birlikte arkasından baktık. Kâğıtta sadece üç rakam yazıyordu.

Mine Abla:

— Bunu Cesur'un bırakıp bırakmadığını anlamamız lazım, dedi. Ama nasıl?

Bu sorudan sonra herkes sessizleşti. Daha sonra yine ilk konuşan kendisi oldu:

— Sanırım bunu anlamanın bir yolu var, diyerek şeffaf bir poşet çıkardı.

İçinde Cesur'un yazdığı bir not vardı. Bu not, Çimenlik Kalesi'nde denizaltının içinde bulduğumuz nottu. Poşetinden çıkarıp o kâğıdı da tuttu. İkisini de sırayla havaya kaldırdı. Belli bir süre inceledi. Birkaç defa kâğıtları sırayla ışığa tuttu. Biz ne yapmaya çalıştığını anlamadan izledik onu.

Mine Abla bize dönüp gülümsedi:

- Arkadaşlar, bu kâğıtla Çimenlik Kalesi'nde denizaltıdan aldığımız kâğıt aynı defterin parçaları. Birisi iki notu da aynı defterden kopardığı kâğıt parçalarına yazmış. Yani bu kâğıdı buraya büyük bir olasılıkla Cesur bıraktı.

Öğretmenimiz de kâğıda eğildi. Ardından gözlerini kısarak baktı:

- Zaten başka şansımız da yok. Şu anda elimizde bulunan tek ipucu bu... Takip edebileceğimiz başka bir ipucu da yok. Bence bu ipucundan yola çıkalım. Ne dersiniz arkadaşlar?

Öğretmenimiz haklıydı. Elimizdeki tek ipucu, Mine Abla'nın elinde tuttuğu ve üç tane rakamın yazılı olduğu üç basamaklı bir sayıydı. Hepimiz dışarı çıktık. Kalenin kenarında sakin bir yer bulup oturduk. Kâğıdı ortamıza koyup düşünmeye başladık.

Bu sayı neydi? Biz bu rakamlarla ne yapacaktık? İlk konuşan Hayri oldu:

– Belki bir kasanın şifresidir.

– Sanmıyorum, dedi Mine Abla. Neden şifreyi bizimle paylaşsın ki? Bence başka bir şey olmalı.

Biz Osman'la tekrar kaleye girip görevliye 268 sayısının ne olduğunu sorduk ama oradaki görevliler de bilmiyordu. Bizimkilerin yanına eli boş bir şekilde döndük.

Birlikte bir süre sessizce oturduktan sonra ilk hareketlenen Kâmil oldu. Cebinden kocaman bir harita çıkardı.

Ben ne olduğunu anlamaya çalışırken, Kâmil buna gerek kalmadan anlatmaya başladı.

– Bu bir harita arkadaşlar. Gelibolu yarımadasının haritası... İçinde şehitlik, müze gibi gezilmesi gereken yerler var. Bu haritayı müzeden çıkarken aldım.

O sırada Mert de cebinden aynı haritayı çıkardı.

– Kâmil Ağabeyim alınca ben de aldım aynısından...

Mert son derce uyanık bir çocuktu... Ben Kâmil'in harita aldığını fark etmemiştim bile. Fakat Mert bunu gözden kaçırmamıştı.

Mert'ten haritayı istedim ve aldığım gibi yere serdim. Kâmil atıldı:

– Levent kardeşim, haritayı yere serdin. Yoksa üzerinde yemek falan mı yiyeceğiz? Eğer yiyeceksek ben çok acıktım da...

– Hayır Kâmilciğim, haritayı inceleyeceğiz.

– Eğer haritada yemek yenilecek mekânları falan arıyorsanız, bu güzel haritada bunlara yer verilmemiş. O yüzden boşuna bakmayın demek istedim ben. Ben enikonu baktım da...

— Kâmil yemek yenecek yer aramıyoruz. 268 sayısının anlamını çözmeye çalışıyoruz. Eğer biraz daha sabredersen biz bu ipucunu da çözersek, belki yiyecek bir şeyler bulabiliriz sana.

Kâmil aslında haklıydı. Cesur'un peşinde koşturmaktan bir şeyler yemeye fırsat bulamamıştık. Haritaya bakarken bir şey dikkatimi çekti. Bu haritada tarihî yarımadadaki şehitleri anlatırken bazı noktalarda numaralar yazıyordu.

— Öğretmenim buralar tepeler... Peki, bu tepe olan yerlerde yazan numaralar ne?

Öğretmenimiz bana cevap vermeden önce parmağımla gösterdiğim yere baktı. Ardından haritayı kendisine doğru çevirdi. Bir süre daha sessizlikten sonra konuştu:

— Burada yazan sayılar o tepelerin yüksekliği anladığım kadarıyla... Deniz seviyesinden yüksekliği gösteren bu sayılara göre 268 bir tepeyi gösteriyor olabilir.

Hemen haritaya baktık. Herkes 268 metre yüksekliğinde bir tepe arıyordu. Kısa bir aramadan sonra 268 yazan bir şey bulamadık. Etrafıma bakmaya başladım. O sırada önümüze gelip yanaşan bir otobüsten turist kafilesi indi. Turistlerin önüne elinde bir çubuk olan ve ucunda da küçük Türk bayrağı asılı olan rehber geçti. Ayağa kalkıp yanına giderek sordum:

— Efendim kolay gelsin. 268 rakımlı tepe nerede? Biliyor musunuz?

— Evet delikanlı, Conkbayırı'nda..

— Teşekkür ederim. Kolay gelsin.

Hemen koşar adım bizimkilerin yanına gittim.

— Öğretmenim 268 rakımlı tepe Conkbayırı'ndaymış.

Mine Abla ayağa kalktı.

> – O zaman ne duruyoruz? Conkbayırı'na doğru gidiyoruz. Ama önce bir yerde duralım ve yiyecek bir şeyler bulalım. Yoksa birileri açlıktan bizi yiyebilir. Haydi, gidelim o zaman...

Yol kenarında bulduğumuz bir dönerciden ekmek arası döner aldık. Yanında ayranla birlikte yedik ve yeniden yola düştük. Kısa süreli de olsa Kâmil'i susturmayı başarmıştık. Kâmil karnı doyunca oldukça mutlu görünüyordu:

> – Artık bana bütün ipuçlarını verebilirsiniz. Ben hepsini çözerim. Ne demiş atalarımız, aç ayı oynamaz. Tokum oynarım, yani her türlü gizemi çözerim.

Hepimiz Kâmil'e gülerken birden herkesi bir hüzün kapladı. Yol boyunca gördüğümüz şehitlikler herkesi sessizleştirdi. Gezi Kulübü'yle geldiğimizde Gelibolu yarımadasındaki şehitliği dolaşmış ve pek çok şey öğrenmiştik. En önemlisi de vatanımızın ne güçlükler altında kazanıldığını fark etmiştik. Tarihî topraklara yeniden gelmek güzeldi. Zamana karşı yarışımız olmasa burayı yeniden gezmeyi çok isterdim.

Aracımızın penceresinden bakarken ülkemizi kurtarmak için canlarını veren şehitlerimizi, savaşta yaralanıp gazi olanları da unutmadım. Onlar için dualar okudum. Minibüsümüz bazen düz, bazen kıvrımlı yollardan ilerleyerek yoluna devam etti. Conkbayırı'na ulaştığımızda minibüsümüz biraz yavaşladı. Yokuş çıkıyorduk ve araç çıkarken içindeki ağırlıkla zorlanıyordu. Kimse ona bir şey söylemedi ama Kâmil bu durumdan kendisini sorumlu tutuyordu sanki.

– Keşke o üçüncü döneri yemeseydim. Araç çıkarken zorlanıyor.

Conkbayırı'na geldiğimizde hafiften bir rüzgâr karşıladı bizi... Burası oldukça kalabalıktı. Aracımızdan ayrılıp yürümeye başladık. Mine Abla önümüzden geçmekte olan turist kafilesinin rehberini durdurdu:

– Affedersiniz, 268 rakımlı tepe neresi acaba?

– Şu gördüğünüz tepe, 268 rakımlı tepe. Atatürk heykelinin olduğu tepedir. Atatürk'ün saatinin parçalandığı nokta...

Tepeye doğru hızla ilerlemeye başladık. Oldukça kalabalık olan bu yerde turist kafilelerinin birisi geliyor,

diğeri gidiyordu. Biz tepeye vardığımızda öğretmeni-
miz de anlatmaya başladı:

— Çocuklar, Conkbayırı savaşın en şiddetli olduğu
yerlerden birisidir. 10 Ağustos 1915 günü sabah er-
kenden Mustafa Kemal İngilizlere baskın yapıp, on-
ları bu bölgeden atmak için harekete geçmiş. Ken-
disi en önde ilerlemiş ve askerlerine elindeki kırbacı
indirdiğinde düşmana saldırmalarını emretmiş. Saat
04.30'da başlayan saldırıda düşman neye uğradığı-
nı şaşırmış. Gün boyunca şiddetli bir savaş yaşan-
mış burada. Buraya atılan bir top mermisinin parçası
Atatürk'ün kalbine isabet etmiş. Kalbinin üstünde
bulunan saat sayesinde Mustafa Kemal kurtulmuş.
Saati parçalanmış. Mustafa Kemal bütün dünya ta-
rafından burada, Çanakkale'de
tanınmış. Anlattığım olay bu-
rada yaşandığı için buraya
Atatürk anıtı dikilmiş. Elindeki
kırbaçla askerlerine emir veren
Mustafa Kemal'i gö-
rüyorsunuz.

Öğretmenimizin söyledikleri âdeta hepimizi geçmişe götürmüştü. Biz de o güne dönmüş ve savaşın içinde hissetmiştik kendimizi...

Osman, kolunu uzatıp saatine baktı:

— Arkadaşlar zaman daralıyor, haydi etrafta ipucu arayalım.

Birlikte etrafı aramaya başladık. Heykelin her tarafına iyice baktık. Hiçbir yerde en ufak bir iz veya işaret bulamadık. İlk Kâmil pes etti. Sonra da Mert... Oturdular, biz bir süre daha aradık ama hiçbir şey bulamadık. Hepimiz onların yanına sıralandık.

Mine Abla son kez telefonuna baktı. Kimsenin aradığı veya mesaj gönderdiği yoktu. Polislerle de konuştu. Fakat Cesur'u gören, duyan veya izini bulan olmamıştı.

Öğretmenimiz ise aklına gelenleri anlatmaya devam ediyordu:

— Çocuklar, Mustafa Kemal de Troya ile son derece ilgiliymiş. Tıpkı Fatih gibi, o da Troya Savaşı'nı incelemiş. Hatta 1913 yılında atıyla Troya'nın olduğu yere gelmiş ve burada incelemelerde bulunmuş. Kurtuluş Savaşı kazanılıp da düşman denize döküldüğünde "Troya'nın intikamını aldık." dediği söylenir. Tıpkı Fatih gibi... Zaten Troya Savaşı hep devam etmiş çocuklar. Çanakkale Deniz Savaşı başladığında bu toprakları bombalayan gemilerden birisinin adı Agamemnon'dur. Yani Troya'ya saldıran Akalıların komutanının adı...

Öğretmenimizi ilgiyle dinledik. Fakat bir süre sonra herkes yine sessizliğe gömüldü. Cesur sanırım bizi atlatmıştı. Biz ipuçları peşinde koşarken o ise çoktan kaçmıştı. Bu durumda yapacak tek şey yenilgiyi kabul etmekti. Bunu ilk ben söyledim:

– Galiba yenildik. Cesur bu defa kazandı, dedim.

Benim sözlerime ilk karşı çıkan Osman oldu.

– Hayır, hâlâ çok geç değil. Onu bulacak bir şeyler olmalı, dedi.

Kaybetmek Osman'ın umrunda değildi. Uzun uğraşlar sonucunda ülkemize gelen Troya hazinelerinin yeniden kayboluşuna kızıyordu. Bir yandan telefonuna bakarken diğer taraftan da müzeden satın aldığı kitabı karıştırıp duruyordu. Kafasını neredeyse hiç kaldırmıyordu.

Öğretmenimiz:

– Arkadaşlar sanırım buraya kadar, dedi. İsterseniz gelmişken Şehitler Abidesi'ni de ziyaret edelim. Güneş orada batsın. Biz de sonra yola koyulalım. Yolumuz uzun...

KÂMIL'İN ÇANTASI

Aracımızla Şehitler Abidesi'ne doğru yola çıktık. Kimse konuşmuyordu. Herkesin morali bozuktu. Bir tek Osman vardı. O durmadan elindeki kitaptan bir şeyler okuyor ve bir şeyler bulmaya çalışıyordu. Yolculuk boyunca sessiz bir şekilde pencereden etrafı seyrettim. Çanakkale Savaşı'nda olanları düşündüm. Dedelerimizin bize bıraktığı bu cennet vatanın ne kadar değerli olduğunu... Ne zorluklarla kazanıldığını...

Şehitler Abidesi göründüğünde ona bakmaktan kendimi alamadım. Yaklaştıkça daha büyük, daha heybetli görünüyordu. Aracımızı ağaçlık bir alanda yer alan otoparka park ettik. Araçtan inip yürümeye başladık. Kâmil yanına sırt çantasını aldı. Kimse konuşmadı. Herkes buradaydı ama kimsenin aklı burada değildi. Bir süre yürüdük. Şehitler Abidesi'ni gören bir noktada boş bir bank bulup oturduk.

Osman yine kitabına daldı. Kâmil çantasını karıştırmaya başladı. Ben de Şehitler Abidesi'ne ve denizin üzerinde batmakta olan güneşe bakıyordum. Kâmil harıl harıl çantasını karıştırıyordu. Dayanamayıp sordum:

— Kâmil ne yapıyorsun?

— Levent sırt çantamda yiyecek bir şey kaldı mı diye kontrol ediyorum. Çantamda dokuz tane poğaça vardı. Hepsini yemiş olamam. Son poğaçayı arıyorum. Eğer onu bulursam yiyeceğim. Acıktım ben. Hatta o poğaçayı bulmadan da durmayacağım.

Kâmil'e cevap vermedim. O da aramaya devam etti. Hatta bir ara işi o kadar abarttı ki çantasının içinde ne var ne yoksa çıkarttı. Çantasını ters çevirdi, kafasının üstüne kaldırdı ve altına geçip baktı. Sonra daha çok salladı.

— Kâmil bence yeter artık, dedim. Biraz sabret. Açlıktan ölmezsin. Daha önemli dertlerimiz var.

Ben konuşurken Kâmil'in çantasından çok da büyük olmayan, bir kuruş büyüklüğünde, üstünde de yanıp sönen bir düğmesi olan bir şey düştü. Işığı yanmasa belki fark etmeyecektik ama hava kararmaya başlamıştı ve ışık da oldukça belirgin bir şekilde yanıyordu.

Kâmil eline aldı:

– Bu da ne böyle?

– Bu senin değil mi, diye sordu Hayri.

– Benim böyle bir şeyim yok. Bu da nereden çıktı? Ayrıca bu ne işe yarıyor? Yenmeyen şeyi ben neden çantamda taşıyıp da ağırlık yapayım? Yerine iki tane fazladan

zeytin taşırım. Karnım acıkınca onu yerim daha iyi...
Yenmeyen bir şeyi neden taşıyayım çantamda?

Mine Abla, Kâmil'den o cihazı alıp incelemeye başladı:

— Arkadaşlar, bu takip cihazı. Birisi bizi gezi boyunca takip etmiş. Üstelik bizim de haberimiz olmamış.

Osman da fikir yürüttü.

— Bizi Piri Reis Müzesi'nde o yüzden buldu demek... Ama bunu Kâmil'in çantasına ne zaman koydu ki?

Öğretmenimiz:

— Bence bunu Cesur veya adamları koydu çantaya, dedi. Ne zaman biliyor musunuz çocuklar? Ayazma'da... Orada biz akşam çadırlarda yatıp uyuduk. Zaten yorgunduk. Kâmil de çantasını çadırın dışında bırakmıştı.

— Ama ne yapayım, dedi Kâmil. Çantam da ben de şişmanız ve ikimiz birden çadıra sığamadık. Ben de çantamı dışarı çıkardım. O çadırda kalsaydı da ben mi dışarıda uyusaydım?

— Bir şey demedik Kâmilciğim, dedi öğretmenimiz. Sadece durumu anlamaya çalışıyoruz. Zaten o gece güzellik yarışmasının olduğu yere bir altın elma bırakılmıştı. Demek ki Cesur o zaman gelip bizi bulmak içinde takip cihazı yerleştirmiş. Çantası kalabalık, bulması zor olur, diye de Kâmil'in çantasına bu cihazı atmış.

136

Mine Abla elindeki cihaza baktı:

— Bunu bulduk ama bu bir işimize yaramadı maalesef...

Osman o sırada herkesi susturacak bir şeyler söyledi:

— Arkadaşlar çok ilginç bir haber buldum. Gazetede şöyle bir haber var. Gazete haberini aynen okuyorum.

HOMEROS'UN İLYADA DESTANI'NDAN YOLA ÇIKARAK TROYA'YI BULUP KAZILAR YAPAN SCHLIEMANN, 31 MAYIS 1873 YILINDA TROYA ŞEHRİNDE BİR HAZİNE BULUR. HAZİNEYİ BULDUKTAN 6 GÜN SONRA YANİ 6 HAZİRAN 1873 GÜNÜ KARANLIK LİMAN'DAN BİR GEMİ YARDIMIYLA ÜLKE DIŞINA KAÇIRIR. BAŞKA ÜLKELERDE ELDEN ELE GEÇEN HAZİNENİN BİR BÖLÜMÜ DAHA ÖNCEDEN ÜLKEMİZE İADE EDİLMİŞTİ. AMA ÖNEMLİ BİR BÖLÜMÜ HÂLÂ YURT DIŞINDAYDI. ÜLKEMİZİN GİRİŞİMLERİYLE TROYA HAZİNELERİ ÜLKEMİZE GELDİ. İLGİNÇ BİR TESADÜF OLARAK BULUNDUĞU TARİHTE, 31 MAYIS'TA YETKİLİLERE TESLİM EDİLEN HAZİNENİN, 6 HAZİRAN'DA YANİ ÜLKEMİZDEN KAÇIRILDIĞI TARİHTE MÜZEDE ZİYARETE AÇILACAĞI SÖYLENİYOR.

Osman metni okuduktan sonra gülümsedi:

— Bence Cesur bizimle yarışmak için değil, bizi oyalamak için çaba gösterdi. Bu kadar ipucu ve bilmece bizim zaman kaybetmemiz içindi. Böylece ipuçlarını takip edecek ve zaman kazanacaktı. Bunu başardı da... Üstelik yerleştirdiği takip cihazıyla bizi her an izledi. Hatta yanlış yere saptığımızı görünce bizi uyardı ve uzaklaştırmak için bir sonraki ipucuna yönlendirdi. Bizim ipuçlarını takip etmemiz için de bilgi verdi. Böylece kendisinden uzaklaştırdı. Galiba onun hazineyi nereden kaçıracağını biliyorum. Bu gece, tıpkı ilkinde olduğu gibi, bu defa da Karanlık Liman'dan kaçıracak. Ne demişti Cesur?

Osman konuşmasına ara verdi ve cebinden bir kâğıt çıkardı. Galiba Cesur'un sözlerini kâğıda yazmıştı. O kâğıttan okumaya başladı:

GECE YARISINA KADAR SÜRECEK BİR MACERAYA HAZIR OLUN. YARIN OLACAK VE HER ŞEY BİTECEK. HAZİNEYİ BULMAK ELİNİZDE... HAYDİ BAŞLAYALIM.

– Bence yaptığı plana sadık kalacak ve gece yarısı kaçacak. Karanlık Liman'dan... Tabii ki kararını değiştirmezse...

Osman yine gülümsedi. Osman'ın bu gülüşünü artık tanıyordum.

– Öğretmenim ve Mine Abla, benim bir planım var.

– Dinliyoruz seni, dedi öğretmenimiz.

Osman da anlatmaya başladı:

– Bence Karanlık Liman'a gidip Cesur ve adamlarını durdurabiliriz. Gece yarısı demesinin sebebi de oydu. Gece yarısı Karanlık Liman'dan kaçacaktır. Şimdi hareket edersek Karanlık Liman'a erken varır ve Cesur'u beklemeye başlarız. Kaçmadan da yakalarız.

Hayri:

— Peki, bu takip cihazı ne olacak? Bunu ne yapacağız, diye sordu.

— Aslında çok basit, dedi öğretmenimiz. Bundan hemen kurtulabiliriz. Burada atıp kurtulalım.

Mine Abla:

— Benim daha iyi bir fikrim var, dedi. Bu takip cihazını ona karşı kullanabiliriz. Cesur, bizi bu cihazdan takip ediyor. Biz bunu burada atarsak geç vakitte burada olmayacağımızı ve aleti bulduğumuzu anlayabilir. O yüzden onu yanlış yere yönlendirebiliriz. Üstelik aklımda süper bir fikir var.

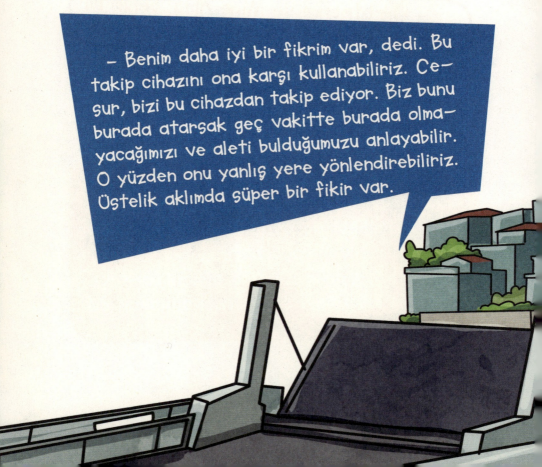

Aracımıza binip yola koyulduk. Biraz önceki moral bozukluğu gitmiş ve herkesi bir heyecan sarmıştı. Yol boyunca Çanakkale'de bizler için savaşmış ve Çanakkale'yi geçilmez yapan insanları düşündüm. Onlara bol bol dua ettim. Tekrar başladığımız nokta olan Kilitbahir İskelesi'ne geldiğimizde güneş batmıştı. Fakat güneşin altın ışıkları hâlâ gökyüzünü aydınlatıyordu.

Gemiye biner binmez Kâmil'le yukarı çıkıp kafeteryadan simit ve çay aldık. Yolculuğumuzu çay ve simit eşliğinde yaptık. Yaklaşık on dakika sonra geminin düdüğü çaldı. Limana yaklaşmıştık, kalkıp aracımıza bindik. Biz araçtayken Mine Abla da dışarıda telefon-

la konuşuyordu. Bulunduğumuz yerden duyabiliyorduk.

Minibüsümüz gemiden inince Mine Abla liman çıkışındaki caddenin hemen kenarında aracı durdurdu. Orada bir polis aracı bizi bekliyordu. Mine Abla takip cihazını polislere verdi.

> – Tamam amirim, dediklerinizi yapacağız. Troya Müzesi'ne gidiyoruz. Bu cihazı da otoparkta bir yere bırakıyoruz.

– Çok teşekkür ederim, kolay gelsin, dedi Mine Abla.

Mine Abla'nın ne yapmak istediğini şimdi anlamıştım. Takip cihazı müzeye doğru gittiğinde, Cesur da ipucunu bulamayıp müzeye döndüğümüz sanacaktı. Biz de Karanlık Liman'a gidip onu bekleyecektik. Plan gayet güzeldi. Tabii ki Cesur daha gitmediyse...

Aracımız şehir merkezinden ayrıldı. Yine müzeye gidiyormuş gibi yola koyuldu ancak bir süre gittikten sonra saptı. Ağaçların, tarlaların olduğu bir yerde durdu.

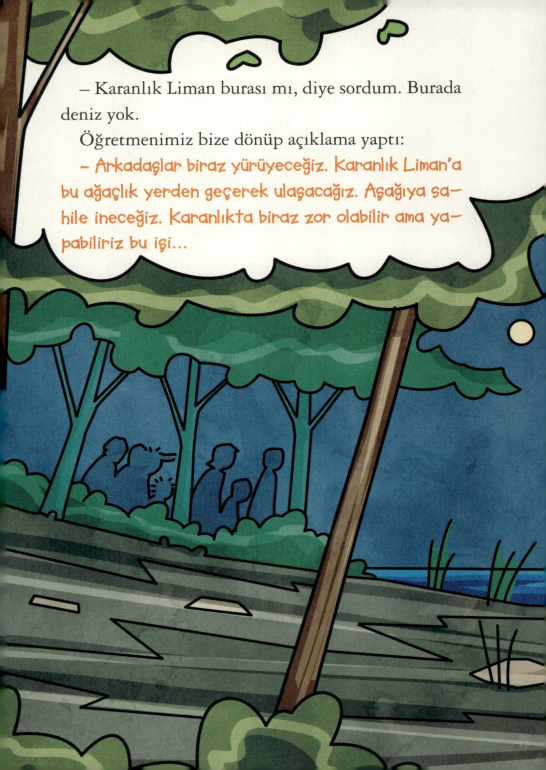

— Karanlık Liman burası mı, diye sordum. Burada deniz yok.

Öğretmenimiz bize dönüp açıklama yaptı:

— Arkadaşlar biraz yürüyeceğiz. Karanlık Liman'a bu ağaçlık yerden geçerek ulaşacağız. Aşağıya sahile ineceğiz. Karanlıkta biraz zor olabilir ama yapabiliriz bu işi...

EN KARANLIK LİMAN

Birlikte yürümeye başladık. El feneri de kullana-madık. Kimseye görünmememiz lazımdı. İlk başlarda zifiri karanlıktı her yer, bir zaman sonra gözüm alıştı. Etraftaki ağaçları, çimleri ve bastığım yerleri seçmeye başladım. Biraz olsun rahatlamıştım. Cırcır böceklerinin türküsünü dinlemek de çok keyifliydi. Öğretmenimiz önde, biz ortada, Mine Abla da en arkadaydı.

Tabii ben Mert'i ve sorularını unutmuştum. Yine konuşmaya başlamıştı.

— Ağabey biz galiba yanlış yere geldik, dedi. Tamam, burası karanlık ama burada liman yok. Sadece orman var. Karanlık Orman'a gelmiş olmayalım?

— Hayır Mert, dedim sessizce. İleriye bakarsan denizin muhteşem manzarasını göreceksin.

Deniz, ayın da yardımıyla göründüğünde âdeta bü-yülendim. Uzun zamandır bu kadar güzel bir manzara görmemiştim. Sahile, oldukça yorucu bir yolculuk so-nunda vardık. Önümüzde eski bir iskele vardı. Bir kısmı çökmüştü. Önünde de bir kayık duruyordu. Sanırım bu bir balıkçı teknesiydi. İskelede başka hiçbir şey yoktu.

— Burada bekleyelim, dedi Mine Abla.

Hepimiz bir yere oturduk. Öğretmenimiz de anlatmaya başladı.

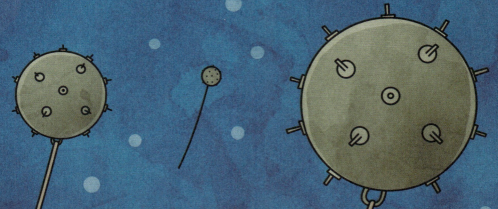

— Arkadaşlar, burası Karanlık Liman. 18 Mart 1915'te oldukça önemli olaylara sahne oldu. Nusret Mayın Gemisi buraya, kalan son mayınlarını döktü. Daha önceki mayınlar boğaza bir kolye gibi dizilmişti. Ama Nusret, mayınları kıyıya paralel olarak tam buraya döşedi. Çünkü boğazdan geçmek isteyen gemilerin dönüş yapabileceği tek yer burasıydı. Böylece Nusret, mayınlarını 7 Mart'ı 8 Mart'a bağlayan gece buraya döktü. Mayın tarama gemileri sürekli boğazı taradıkları için dökülen mayınları fark edemedi. 18 Mart günü de Türk topçusunun ateşinden kaçmak için limandan dönmeye çalışan pek çok gemi, burada mayınlara çarparak ağır yara alarak battı. 18 Mart günü zafer, aslında burada kazanıldı. Düşmanlar denizden geçemeyeceklerini burada anladılar. Cesur da ülkemizin tarihî değerlerini yurt dışına kaçıramayacağını burada anlayacak.

Mine Abla teknenin yanına gidip bir hamleyle içine atladı. El feneriyle etrafa bakarken motor çalıştı. Sanırım tekneyi çalıştırmayı başarmıştı. Teknenin yan tarafında yer alan telefon numarasını aradı. Telefon kısa bir süre çaldıktan sonra açıldı. Mine Abla, teknenin sahibiyle konuştu. Polis olduğunu söyledi, tekneyi kullanmak için izin istedi. Kapatırken de kendi numarasını kaydetmesini istedi. Sanırım bu tekneyi geri verebilmek içindi. Konuştuktan sonra Mine Abla telefonu kapatıp geri geldi. Gülümseyerek bize döndü.

– **Artık bir teknemiz var,** dedi.

Birlikte tekneye binip hareket ettik. Limanı turlayacak ve Cesur'a dair bir iz arayacaktık. Tekne oldukça sakin şekilde, çarşaf gibi bir denizde hareket etti. Hepimiz bir yere tutunduk.

Ben Mert'in yanına oturdum. Bir taraftan onu tutuyor, boşta kalan elimi de tekneden sarkıtıp suya değdiriyordum. Nedense heyecanlı değildim. Kendimi çok güzel bir tekne gezisine çıkmış gibi hissediyordum. Deniz, bütün gerginliğimi almıştı.

Bu güzel yolculuk ne kadar sürdü hatırlamıyorum ama bir zaman sonra ilginç bir şey oldu. Denizin ortasında metal bir şeye çarptık. Eğer bir yerlere tutunmamış olsaydım denize düşerdim. Mert'i de ben tuttum. Oldukça sert bir çarpışma oldu.

Denizin ortasında kapkara, kocaman, kaya gibi bir şey vardı. Öğretmenimiz eliyle yokladı.

– Bu bir kaya değil, dedi.

Ardından ayağa kalkıp o şeyin üzerine çıktı. Eğildi, bir şeyler yaptı. Hatta bir ara gözden kayboldu. Geri geldiğinde daha da sessiz konuşmaya başladı:

— Bu bir denizaltı çocuklar, küçük bir denizaltı... Siz burada bekleyin ve hiç ses çıkarmayın. Bize bir şey olursa tekneyle uzaklaşın. Arkanıza bile bakmadan kaçın ve yardım isteyin. Anlaştık mı? Kendinizi tehlikeye atmayın.

Öğretmenimiz ve Mine Abla denizaltının gövdesine çıktılar. Yavaş adımlarla ilerleyerek ileride açık olan kapağın yanında durdular. Tam içeri girmek için adım attıklarında elinde silah olan bir kişi aniden çıktı. Mine Ablayı da öğretmenimizi de yakaladı. Biraz önce teknemizin çıkardığı sesi onlar da duymuş ve bizim geldiğimizi anlamışlardı.

— Teslim olun, dedi adam. Bir denizaltının üstünde yürümek tahmin ettiğinizden fazla ses çıkartıyor. Nasıl bir gürültü çıkardınız öyle? Hiç sessiz değilsiniz. Yakalandınız! Bu duruma Cesur çok sevinecek.

Adam, Mine Abla'nın silahını alıp dışarı çıktı. Sonra seslendi:

— Yürüyün!

Mine Abla'yla öğretmenimiz sakin bir şekilde içeri girdi. Seslere bakılırsa içeride bir kişi daha vardı. Fakat Cesur yoktu. Adam içeri girmeden dikkatlice etrafına baktı. Tayfaya dönüp fısıldadım:

– Herkes eğilsin!

Kayığın içine saklandık. Umarım bizi fark etmez demekten de kendimi alamıyordum. Neyse ki adam daha uzun kalmadı. Hemen içeri girdi. Fark edilmemiştik.

— Öğretmenimizin söylediğini yapmalıyız. Bence gidip yardım çağıralım.

Teklifim herkesçe kabul edildi. Hayri teknenin arkasına geçti.

— Arkadaşlar, eğer içimizden birisi korkudan kötü bir şey yapmadıysa su alıyoruz. Anlaşılan çarpma sonucunda kayık delinmiş. Bu yüzden buradan gidemeyiz. Kıyıya da oldukça uzağız. Ne yapacağız?

Kısa bir sessizlik oldu. Kimsenin bir fikri yoktu.

— Buradan telefon etmeyi deneyelim, dedi Osman. Ama benim telefonumun şarjı bitti. Levent seninki ne durumda?

— Kapanmak üzere Osman, dedim. Yine de deneyelim.

Telefonla arama yapmaya çalıştım ama olmadı. Sanırım çekmiyordu. Acil yardım numarasını aramaya çalışırken telefonumun şarjı bitti. Bu denizaltının üzerinde kapana kısılmıştık.

— Şarj bitti. Şimdi ne yapacağız? Denizaltı burada sonsuza kadar durmaz. Eğer dibe dalarsa çok kötü...

— Cesur içerideyse her an dalabilirler, dedi Hayri.

— O zaman yapacak tek bir şey var. O da teslim olmak. Aslında içeridekilerden daha kalabalık olacağız. Belki birlikte bir şeyler yaparak kurtulmayı başarabiliriz.

Yapacak pek de bir şey yoktu. Adamlar silahlıydı. Gidip teslim olmayı kabul ettik. Denizaltıya doğru yürümeye başladık. Kapağın oraya geldiğimizde Kâmil seslendi:

— Kaçakçı ve soyguncu amcalar bakar mısınız? Biz teslim olmaya geldik.

Denizaltının girişinde adam bizi görünce şaşırdı. Oldukça uzun bir merdivenin altında duruyordu. Daha sonra iki kişi oldular. Biri diğerine baktı:

– Bu daha iyi, dedi. Cesur onu içeri tıkan ekibin tamamını görünce çok sevinecek.

Adam bize dönüp seslendi:

> – Şimdi sakin bir şekilde aşağıya inin bakalım, haydi!

Kâmil aşağıya doğru oldukça uzun ve dik bir merdiven görünce korktu. Duraksadı. Ben onun arkasındaydım. Kâmil korkunca onu destekledim.

– Haydi Kâmil, inebilirsin. Panik yapma, dedim.

Kâmil merdivene tutundu ve inmek için bir adım attı. O sırada aklıma çok basit ve parlak bir fikir geldi. İki adam da merdivenin altındaydı. Merdivenin en üstünde de Kâmil vardı. Zavallı adamlar çok tehlikeli bir yerde duruyorlardı. Aslında çok tehlikeli bir kişinin tam altında duruyorlardı: Kâmil'in...

– Kâmilciğim, dedim. Senden çok özür dilerim.

– Niçin Levent, dedi Kâmil. Bir şey yapmadın ki.

– Yapacaklarım için kardeşim, diye fısıldadım.

GÜÇLÜ BİR SİLAH: KÂMİL

Kâmil anlamamıştı. Bana garip garip bakıyordu. Kâmil merdivenin benim ayağımın altındaki basamağına tutunmuştu. Bir basamak altta olan Kâmil'in iki eline birden bastım.

– Levent, elime bastın!

Kâmil daha fazla dayanamadı ve oldukça büyük bir gürültüyle zavallı adamların üstüne düştü. Kâmil'den sonra da ben adamların üstüne atladım. Gerçi Kâmil'in adamların üstüne düşmesi yetmişti ama emin olmak gerekiyordu. Hepimiz onların üstüne atladık. En son noktayı ise Mert koydu. Büyük bir hızla üzerimize atladı. Üstelik bir taraftan da bağırıyordu:

– Altta kalanın canı çıksın!

İkisi de boylu boyunca yerdeydi ama Mert de atlayınca bayıldılar. İkisi birden baygın vaziyette yerde yatıyorlardı. Hemen kalkıp Mine Abla'yla öğretmenimizin ellerini çözdüm.

Kâmil bana kızar sandım ama hiç de öyle olmadı:

— **Dostum, beni silah olarak kullanma fikrin harikaydı.**

— Evet Kâmilciğim, sen gerçekten tehlikeli bir silahsın. Özellikle de tokken daha tehlikeli bir silahsın.

İki adam etkisiz hâle gelmişti. Mine Abla ve öğretmenimiz iki adamı bir odaya kapatıp yanımıza geldiler.

— **Artık burada Cesur'u bekleyebiliriz. Nasıl olsa geleceğini biliyoruz. O, ayağımıza gelsin.**

Beklerken denizaltıyı da inceledik. Bu özel bir denizaltıydı. Denizaltılar genellikle askerî amaçlarla kullanılırmış ama bu sivil bir denizaltıymış.

Denizaltıya doğru bir sürat motoru geldi. Sanırım Cesur gelmişti. Bir kişi denizaltının üzerine atladı. Bunu ayak seslerinden anlayabiliyorduk. Sürat motorunun sesi uzaklaştı. Anlaşılan birisi Cesur'u getirmiş, sonra da dönmüştü.

Işıklar kapalı olduğu için karanlıkta yavaş bir şekilde aşağıya indi, ardından adamlara seslendi.

– Demir alın. Hemen suya dalıyoruz. Hey, size söylüyorum! Duymuyor musunuz?

Cesur daha sonra girişin hemen yanındaki kolu kaldırdı ve denizaltı birden aydınlandı. Bizi karşısında görünce nasıl şaşırdı anlatamam.

– Siz nasıl geldiniz buraya? Beni nasıl buldunuz? En son baktığımda Troya Müzesi'ne gitmiştiniz. Burada ne arıyorsunuz?

– Akıllı olan tek kişi sen değilsin Cesur, dedi Mine Abla.

Birden ciddileşti.

– Teslim ol!

Cesur'un teslim olmaya hiç niyeti yoktu. Elindeki çantaya baktı. Anlaşılan çaldığı hazine oradaydı. Çantayı tek bir harekette sırtına atıp merdivenleri çıkmaya başladı. Mine Abla onu yakalayamadı ama çantasının boşta kalan bir askısını yakalamayı başardı. Mine Abla çantayı çekiyor ama Cesur vazgeçmiyordu. Öğretmenimiz de yetişti, o da çantayı tutup bırakmadı. Birkaç saniyelik bir çabadan sonra Cesur çantayı bırakmazsa yakalanacağını anladı ve bıraktı. Mine Abla'yla

öğretmenimiz yere yuvarlandı. Neyse ki hazine güvendeydi. Cesur çabucak merdivenleri tırmandı. Denizaltının üzerinde koşmaya başladı. Ayak seslerinden bizim kayığa koştuğu belli oluyordu.

Mine Abla bağırdı:

– Kayığı görmüş olmalı. Oraya doğru koşuyor. Kaçacak! Yakalayalım!

Önde Mine Abla, sonra öğretmenimiz ve arkadan biz denizaltıdan çıktık. Ama Cesur denize açılmış hatta on metre kadar uzaklaşmıştı.

– Hazineyi aldınız ama beni yakalayamadınız. Bunu berabere sayalım. Tekrar karşılaşacağız.

Biz Cesur'a bakıp gülüyorduk. Bütün tayfa çok mutluydu. Mine Abla bir ara bize baktı:

– Neden gülüyorsunuz?

– Cesur, gerçekten çok cesur... Umarım yüzme biliyordur.

– Neden?

– Çünkü delik bir kayığa bindi. Gerçekten çok cesur... Birazdan kendisi de fark eder zaten. Biraz sonra bindiği tekne bir denizaltıya dönüşecek...

SONRA NELER OLDU?

Mine Abla polise haber verdi. Cesur kaçmayı başardı. Sahil Güvenlik boğazın bir kenarında batmış tekneyi buldu ama Cesur'dan haber yoktu. Troya Hazinesi, müzeye yani ait olduğu yere geldi.

Biz görevimizi yapmış olmanın mutluluğuyla eve döndük. Cesur'u yakalayamamıştık ancak hazineyi kurtarmıştık.

ÖNEMLİ NOT:

Troya kazılarından çıkarılan eserlerin, hazinenin bir kısmı ülkemizde bulunmaktadır. Ancak kaçırılan hazinenin bir bölümü hâlâ yurt dışında sergilenmektedir. Bir gün bu hazinenin de ait olduğu topraklara, ülkemize döneceğine ve 2018 yılında açılan Troya Müzesi'nde yerlerini alacağına yürekten inanıyorum.

Mustafa Orakçı

Yeni kitap önerimiz için karekodu telefon kameranıza okutunuz.

Aynı karekod ile her hafta başka bir kitap